Sussurros da Outra Margem

Sussurros da Outra Margem

Ravi Ravindra

Tradução
Pedro R. M. Oliveira

Revisão Técnica
Cristina Almeida Schumacher

EDITORA TEOSÓFICA

Título do original em Inglês
WHISPERS FROM THE OTHER SHORE

Edição em Inglês, 1984
The Theosophical Publishing House
Wheaton, Illinois – U.S.A.

Edição em Português
1991. Editora Teosófica

Capa: Fernando Lopes
Editoração/Diagramação: João Batista Martins da Silva

EDITORA TEOSÓFICA, Sociedade Civil
SGAS – Quadra 603 – Módulo 20
70 200 – Brasília-DF, Brasil
Tel.: (061) 226-0662 / 226-1036
Fax: (061) 226-3703

À Sra. Louise Welch e J. Krishnamurti –
com afeição e gratidão a eles,
e com reconhecimento de suas diferenças.

Eu estou morto porque me falta desejo;
Me falta desejo porque eu creio possuir;
Creio possuir porque não tento dar.
Ao tentar dar, você vê que nada tem;
Vendo que você nada tem, você tenta dar a si mesmo;
Ao tentar dar a si mesmo, você vê que nada é;
Vendo que você nada é, você deseja tornar-se algo;
Ao desejar tornar-se algo, você começa a viver.

René Daumal

Não deixes que a prudência mundana sussurre muito alto em teu ouvido, pois esta é a hora do inesperado!

Sri Aurobindo

Deus não pode conhecer a si mesmo sem mim.

Eckhart

Sumário

Prefácio à Edição Brasileira

"A Verdade é uma só; os sábios falam dela de diferentes maneiras". Esta é uma das afirmações fundamentais da tradição hindu e chama atenção para o fato de que por detrás das diferenças de formulação, linguagem e ambiente cultural, as várias tradições filosófico-religosas do mundo apontam para a existência de uma única verdade fundamental, quer a chamemos de *Brahman*, Deus, *Allah*, ou qualquer outra designação.

O presente livro explora, de forma lúcida e profunda, esta premissa básica. Trata-se de um genuíno estudo de religião comparada, tomando como foco duas grandes tradições religiosas: a tradição hindu-budista e a tradição judaico-cristã. Apesar de pronunciadas diferenças de enfoque, de contexto histórico e de atitudes psicológicas, estes dois grandes ramos da cultura universal apresentam notáveis pontos de contato, o que nos leva a refletir sobre a universalidade da busca pela verdade na história da humanidade.

O autor, Ravi Ravindra, é professor de Física e Religião na Universidade de Dalhousie, Canadá, professor convidado em várias universidades do mundo, com escritos publicados em várias revistas especializadas, tanto na área da ciência como na da religião. Ele também participou por diversas vezes de atividades na Sede Internacional da Sociedade Teosófica em Madras, Índia, tendo lá ministrado recentemente um curso sobre "A Unidade Essencial das Religiões".

Num mundo onde a intolerância religiosa tem recrudescido a olhos vistos, em que religião é muitas vezes sinônimo de fanatismo e separatividade, quando não de histeria em massa, torna-se cada vez mais imperiosa uma reflexão madura e abrangente sobre o significado da religião e seu papel no processo de libertação da consciência humana dos grilhões do egoísmo e das ideologias dele originadas. O livro do professor Ravindra surge com uma destacada contribuição nesse sentido e, portanto, merece a atenção de todos aqueles que se preocupam com o futuro da humanidade e com a busca incondicional da Verdade.

A Editora

Prefácio

"O Reino de Deus está dentro de vós e está fora de vós" disse Jesus Cristo no *Evangelho Segundo São Tomé*. "Quando conhecerdes a vós mesmos, então sereis conhecidos; e sabereis que sois os filhos do Pai vivo. Mas se não conhecerdes a vós mesmos, então estais na pobreza e sois a pobreza".

De importância central à busca espiritual é a pergunta "Quem sou eu?" Perguntar isto é abrir-se ao mistério de nosso próprio ser – com todas as suas confusões e pretensões bem como aspirações e possibilidades. Estar desperto para isto agora é estar presente na criação deste momento. Quando eu não estou questionando a mim mesmo, não existo, exceto como memória em um tempo inconsciente.

Uma vez que ela é de significado perene, esta pergunta tem sido feita de modo perene, em vários idiomas e em várias formas. Em diferentes períodos na história, a busca espiritual foi expressa em filosofias, psicologias, artes e acima de tudo nas religiões; por estes caminhos os que buscam foram chamados e auxiliados na sustentação e no aprofundamento de sua busca. Com o tempo os caminhantes e peregrinos são em geral substituídos por crentes e funcionários que prezam a segurança de suas posições. Ao invés da *senda* que conduz à abertura e à vulnerabilidade à verdade, encontramos demasiadas doutrinas e afirmações cristalizadas reivindicando proporcionar as respostas.

Com as inescapáveis influências da família e da sociedade, adquirimos algum tipo de religião sócio-filosófica. Quer tenhamos fé ou dúvidas, esta religião pode tornar-se um véu entre nós e o que é, ao mesmo tempo em que atua como defesa contra as forças do caos e da escuridão. Se quisermos penetrar neste véu, devemos compreender sua coloração e textura peculiares; um estudo comparativo de diferentes tradições pode ser de imenso valor. Pode ser até mesmo possível ouvir, nos interstícios das formas religiosas, sussurros e indicações da outra margem, esclarecendo e aprofundando nossa busca. As religiões são como a própria vida, repletas de promessas persistentes, retumbantes fracassos e ocasionais iluminações; elas contêm a possibilidade de busca da verdade, mas geralmente acomodam-se em formulações seguras. Em última análise, entretanto, as religiões são o que são; e o significado e sentido de nossa própria existência estão em jogo. É por causa de nosso próprio eu mais profundo que devemos fazer perguntas sobre a natureza e o propósito de nosso ser: Quem somos nós? O que buscamos? Que ajuda, se é que existe alguma, podemos encontrar? Por que estamos aqui? A que devemos servir?

É útil ver as religiões em três níveis distintos: quantitativo, teológico e experiencial. No nível *quantitativo*, do qual trata a maioria dos estudos científicos da religião, os funcionários da igreja preocupam-se com o declínio do comparecimento aos bancos das igrejas e seminários; eles concebem esquemas de relevância social e organizam grupos interessantes para atrair os jovens e os insatisfeitos. Com certeza, estas formas institucionais de religião servem a muitas funções, mas raramente ao encorajamento da busca espiritual. Neste nível de templos, funcionários, números, políticas, sermões e serviços, todas as religiões basicamente resumem-se na mesma coisa: os crentes recebem consolo, rituais e dogmas através dos quais sua existência pode ser tornada suportável; os aspectos mais duros da realidade são filtrados, e os fiéis permanecem com a confortável ilusão de que a verdade lhes foi especialmente confiada e que foram escolhidos para uma grande glória no outro mundo.

No nível *teológico-filosófico*, com seu foco no discurso lógico e sistemático, há pronunciadas divergências entre as duas tradições a serem consideradas. A tradição hindu-budista é quase que exclusivamente orientada para o interior, sendo a iluminação a meta para cada pessoa, a ser alcançada por seus próprios esforços, enquanto que a tradição judaico-cristã é geralmente orientada ao próximo e baseada nas revelações feitas a profetas de Deus especialmente escolhidos. Para a anterior, o ponto de partida é o indivíduo – sofrimento, procura e busca da libertação; a última começa a partir de Deus, que revela seus mandamentos, aos quais o homem responde. Entretanto, o ponto de vista verbal, discursivo, filosófico, como todos os outros pontos de vista, pode ser apenas parcial: o vir-a-ser espiritual não é meramente uma questão de exame racional de doutrinas e verdades proposicionais, por mais recônditas e quintessenciais que sejam.

O nível *experiencial* direto, que é anterior a qualquer sistematização teológico-filosófica, requer uma disciplina de corpo, mente e alma para uma integração de todas as nossas energias. O aspirante torna-se um peregrino no caminho em direção à vigilância e ao ser. O conhecimento ao longo desta *senda* tem um caráter transformador, pois, aqui, como disse Parmênides: "Somente quando transfigurado e renascido no espírito é que se pode conhecer o Antigo".

Neste nível não há diferenças essenciais entre as duas correntes; ambas, em última análise, derivam sua vitalidade das experiências notavelmente similares de sábios e santos. O traço significativo dessas experiências parece ser a entrega de nosso eu-ego a uma vontade maior. Esta vontade está em um nível superior acima de nós (tradição bíblica) ou em um nível mais profundo dentro de nós (tradição indiana). Em termos lingüísticos isto leva a teologias marcadamente diferentes, mas para um eu integrado, o qual todas as tradições espirituais afirmam ser superior à razão discursiva, nossas distinção e dicotomias usuais de passado e futuro, dentro e fora, sujeito e objeto, bem e mal, perdem sua rigidez e importância. Quando o Espírito assumiu a orientação e a autoria de nossas ações e palavras, o ego individual é transcendido, e os opostos lingüísticos e éticos são reconciliados. Ambas as tradições consideram esta reorientação espiritual, ou renascimento, como necessária para a libertação – seu primeiro e último propósito.

Nem se podem ignorar as notáveis similaridades no nível primário, experiencial, ou as profundas diferenças no nível secundário, filosófico, entre estas duas importantes tradições. O que se escolhe enfatizar depende em grande medida de nosso ponto de vista e propósito. Tendo passado metade de minha vida no mundo ocidental e metade no mundo oriental, culturalmente não sou qualquer um dos dois, ou sou ambos. De qualquer modo, estou convencido de que nenhuma cultura possui um monopólio, quer seja sobre a estupidez ou a sabedoria. Cada cultura teve, e continuará a ter, grandes instrutores e profundas percepções. Uma das características do nosso tempo é que agora é mais difícil ser paroquial do que em qualquer outra época no passado. É necessário um tipo especial de impenetrabilidade nos dias que correm a fim de ignorar a existência de outras grandes culturas e religiões, e, portanto, empobrecer-se ao invés de se tornar herdeiro da sabedoria de todo o gênero humano. Ao enfocar as várias tradições religiosas, meu interesse não é provar a superioridade de uma ou de outra; pode-se provar qualquer coisa, dependendo dos níveis a partir dos quais se reúnem os dados. Meu interesse no estudo destas tradições é principalmente prático e espiritual. Que tipo de percepção as tradições podem prover sobre minha própria situação, de maneira que eu possa viver de modo mais pleno e reto?

No primeiro capítulo, apresento a natureza da busca e da realização espiritual universal como expressas pelos sábios e profetas nestas duas tradições. Os quatro capítulos seguintes tratam da divergência das teologias e religiões, à medida que emergiram no processo de racionalização e organização das palavras e feitos destes videntes. No último capítulo, retorno ao tema do primeiro, mas mais do ponto de vista prático daqueles que, como o autor, estão deste lado do véu e portanto buscando. É claro que necessitamos de ajuda para ouvir e persegüir nossas próprias perguntas e evitar que se tornem meramente acadêmicas e verbais. Uma tal ajuda não pode vir principalmente, e com certeza não exclusivamente, da ciência, filosofia, religião ou psicologia. Muito embora a verdade acerca de nós mesmos não seja independente da verdade acerca do cosmos, a menos que encontremos um lugar de reconciliação e discernimento dentro de nós mesmos, estamos fadados a nos perdermos em contradições, palavras e fatos sem significado. As tradições, na verdade, falam sobre tal reconciliação, mas cabe a cada um de nós descobrir quais formas tornaram-se meros *slogans* e doutrinas para nós e quais as que ainda conservam o fogo do genuíno conhecimento e experiência práticos.

Neste estudo, procurei compreender o que é essencial e geral. É claro que os detalhes são importantes; mas ao contrário da opinião intelectual predominante, não penso que se possa, exceto em contexto limitado e com um propósito limitado, proceder das investigações detalhadas das partes para uma compreensão do todo. Por mais não científico que possa parecer a alguns, em minha experiência o sentido e o significado dos detalhes não podem ser captados a menos que se tenha alguma compreensão da questão central. Se o tema geral é de interesse, então se pode decidir quais aspectos necessitam ser estudados, externa ou experimentalmente, em detalhe.

O que se segue é sobretudo uma tentativa pessoal de encarar as duas principais tradições religiosas com a pergunta básica, "Quem sou eu?". Minha ousadia em oferecê-la aos companheiros de busca provém do reconhecimento de que ela não é meramente uma pergunta pessoal, mas algo de interesse universal. Este esforço (no sentido do significado original da palavra *ensaio*, uma *tentativa*) tinha de ser feito. Eu necessitava fazê-lo. No processo, reuni muitas percepções, e muitos mistérios foram aprofundados e tornados vivos para mim. Amigos persuadiram-me de que algumas destas percepções podiam ser de valor para outros e de que o trabalho devia ser publicado. Mas nele não há teses, nem argumentos ou conclusões. Na verdade, há idéias, retiradas principalmente da literatura sagrada, dispostas de acordo com a minha compreensão. O leitor deve ser avisado, como salientou um solícito crítico, que este livro não conduz a lugar algum; é uma longa meditação sobre e em torno de um tema. O tema é o mistério de nossa própria existência, em cujo espírito o salmista perguntou "O que é o homem para que tu estejas preocupado com ele?"

Ravi Ravindra

Agradecimentos

Minha própria busca espiritual tem sido nutrida e sustentada por muitas influências tanto na Índia como no Ocidente, as duas regiões geográficas e culturais onde passei quase um igual período de tempo em minha vida. Desejo, com particular afeição e gratidão, lembrar meus encontros com três pessoas sábias: J. Krishnamurti a quem encontrei em uma tarde mágica, duas décadas atrás, em sua residência temporária, instalada sobre o sagrado Ganges próximo a Varanasi, e muitas vezes desde então; Lama Anagarika Govinda a quem visitei várias vezes em seu belo Ashram Kesar Devi nos Himalaias; e a Sra. Louise Welch que me deu muito de seu tempo e atenção em Nova Iorque e em outros lugares, auxiliando-me na compreensão dos ensinamentos de G. Gurdjieff, e que tornou possível para mim trabalhar com Madame Jeanne de Salzmann em Paris. Eles têm sido como os anjos do Senhor com quem me senti interiormente obrigado a lutar. O fato de eu ter permanecido recalcitrante não diminuiu o seu amor por mim nem minha gratidão para com eles.

Os professores Huston Smith da Universidade de Siracusa, J. B. Hardie da Escola Atlântica de Teologia, A. Hilary Armstrong, F. Hilton Page e W. J. Archibald da Universidade de Dalhousie e o falecido professor Walter Kaufmann da Universidade de Princeton gentilmente leram minutas anteriores deste manuscrito e fizeram comentários muito úteis. Em particular, o professor Armstrong assinalou vários paralelos com Plotino. A todos eles eu devo muito; mas os erros e exageros que permanecem são em tudo meus.

Minha esposa serviu de várias formas como uma editora crítica, datilógrafa e ouvinte, sempre com amor. Outros amigos auxiliaram com perguntas, comentários e encorajamento.

Bolsas de pesquisa do Conselho do Canadá (1970-72) e da Universidade de Dalhousie (1972-73) são reconhecidas com gratidão. Uma parte deste trabalho foi escrita quando eu era um Visitante Graduado no Programa de História e Filosofia da Ciência na Universidade de Princeton em 1968-69, por bolsas de estudo concedidas pelo Conselho do Canadá e pela Fundação Killam. Ele foi revisado na Universidade de Colúmbia, em 1973-74, onde eu era Professor de Religião Visitante com uma Bolsa para Estudo Interdisciplinar concedida pela Sociedade para Valores em Educação Superior e publicado pela Editora Shaila em 1976 sob o título *Da Vila à Montanha: Busca Espiritual – Oriente e Ocidente*. O que se segue é uma versão ampliada daquela publicação.

Parte do material no livro foi desenvolvida e elaborada em outros lugares em revistas especializadas, como por exemplo:

"Auto-entrega: o Núcleo da Vida Espiritual", *Studies in Religion*, v. 3, nº 4, 1974.

"O Tempo nas Tradições Cristã e Indiana", *Dalhousie Review*, v. 51, nº 1, 1971.

"A Religião é Psicoterapia? – uma Visão Indiana", *Religious Studies*, v. 14, 1978.

"As Dimensões do Eu: *Buddhi* no *Bhagavad Gita e Psyche* em Plotino", *Religious Studies,* v. 15, 1979 (com A. H. Armstrong).

"A Percepção na *Yoga* e na Física", *Re-Vision*, Primavera, 1980.

1

A BUSCA ESPIRITUAL

A luta para saber quem eu sou, em verdade e espírito, é a busca espiritual. O movimento em mim mesmo da máscara para a face, da personalidade para a pessoa, do ator que representa para o Rei da câmara interna, é a jornada espiritual. Viver, trabalhar e sofrer nesta margem com fidelidade aos sussurros da outra margem é a vida espiritual. Manter a chama do anseio espiritual viva é estar radicalmente aberto ao presente e recusar acomodar-se em confortáveis dogmas religiosos, certezas filosóficas e sanções sociais.

Quem sou eu? Sou Judas, sou Jesus? Por medo, por desejo, traio a mim mesmo. Sou quem eu não sou. Cubro minha face com muitas máscaras e até mesmo torno-me máscaras. Estou demasiado ocupado representando quem eu penso ser para conhecer quem realmente sou. Tenho medo: posso ser nada mais do que eu pareço ser; pode não haver face alguma por detrás da máscara. Eu decoro e protejo minha máscara, preferindo algo fantasioso a um nada real.

Apego-me ao rebanho por conforto. Juntos nós tecemos variadas vestimentas para cobrir nossa nudez. Guardamos o segredo de nosso nada com uma agilidade ansiosa para que não sejamos descobertos.

Ocasionalmente, ouço uma voz pronunciada em algum recesso escuro de mim mesmo. Algumas vezes é o suave soluçar de uma criança solitária. Em outros momentos, é o grito angustiado de uma consciência que testemunha. Ainda em outras ocasiões é a ordem retumbante de um rei. Quem é você? Pergunto. EU SOU.

O que estou perguntando quando pergunto "Quem sou eu"? Que tipo de *resposta seria aceitável*? Será que quero um relatório de minhas relações genealógicas e sociais? Uma lista de minhas características raciais e biológicas? Um catálogo de meus traços psicológicos – meus gostos e aversões, desejos e medos? Estas são todas as coisas que moldam a minha personalidade. Mas de quem é esta personalidade? Quem usa esta máscara? Em resposta a uma pequena batida à porta de minha consciência, pergunto "Quem é?" Nenhuma designação – filho de Deus, Eu, *Ātman*, Krishna – é suficiente. O que eu busco é ver a face daquele que chama.

"Quem sou eu?" não pede por uma enumeração de fatos científicos: expressa uma certa inquietude, um tatear e uma exploração. É o começo de um movimento em direção à luz, em direção a ver as coisas claramente, como um todo. É a recusa de permanecer no escuro – fragmentado e na superfície de mim mesmo. É um estado de busca de significado, amplidão e profundidade. É o desejo de despertar.

Logo traio este impulso e sou levado a dormir novamente por afagos confortantes e contos de fada. Eu durmo, sonhando com grandes aventuras e procurando os tesouros ocultos. Muitas jornadas, muitos picos e os leões guardando as passagens da montanha. Por um momento acordo, para descobrir-me prisioneiro do que sei e do que sou. Mesmo encontrando a porta de minha pequena prisão aberta, eu permaneço nela, com medo de partir, contando e recontando minhas posses e demonstrações de apreço.

Eu compartilho muitos muros com outros. Com vigor e imaginação colaboro com outros na construção dos castelos da ciência, arte, filosofia e religião, nos quais podemos descansar em segurança, esquecidos de nossa ignorância acerca de quem somos, por que estamos aqui e por que fazemos o que fazemos. A testemunha silenciosa dentro de mim pergunta: O que você busca?

Despertar

Todas as tradições espirituais assim diagnosticam a condição humana: o homem está adormecido, e sua vida – ambições, medos, atividades – é governada por vastas forças, que estão fora de sua vontade ou controle. Ele pode, com instrução, graça e esforço, despertar, ver sua situação como ela é e começar a escutar sua voz interior.

Gurdjieff conta uma estória oriental sobre um mago muito rico e mesquinho que tinha muitas ovelhas. Mas ele não queria empregar pastores nem erigir cercas ao redor dos campos onde as ovelhas pastavam. Freqüentemente as ovelhas vagueavam pela floresta e se perdiam, e algumas delas fugiam pois sabiam que o mago queria sua carne e peles. Por fim o mago encontrou uma solução. Hipnotizou suas ovelhas e sugeriu a elas que nenhum mal lhes aconteceria pois eram imortais, que o mago era um bom mestre e faria qualquer coisa por seu rebanho, e mesmo se alguma coisa fosse lhes acontecer certamente não seria agora e, portanto, elas não precisavam se preocupar. Além disso, o mago sugeriu a suas ovelhas que elas não eram de fato ovelhas: a algumas ele sugeriu que eram leões, a outras, que eram águias, a outras, homens e a algumas sugeriu que eram magos como ele próprio. Sob a influência do hipnotismo as ovelhas acreditaram no mago, que agora podia descansar sem cuidados e preocupações. As ovelhas nunca mais fugiram e tranqüilamente aguardavam a época em que o mago solicitaria sua carne e peles. Enquanto isso, elas pastavam felizes no campo designado sem precisar de pastores ou de cercas.[1]

Assim, nós esperamos tranqüilamente; contando uns aos outros nossas conjecturas sobre o passado maravilhoso ou o futuro glorioso, nosso livre arbítrio ou imortalidade, nosso Pai amoroso ou o grande Instrutor, a natureza do elétron ou a rotação da galáxia – tudo isso em um sono hipnótico, raramente reconhecendo o verdadeiro terror de nossa situação humana.

Descobrimos a natureza sonhadora de nossa existência ordinária somente quando um choque por um momento nos desperta. Quando chegamos a isso, percebemos que estávamos dormindo; logo as forças soporíficas nos porão a dormir de novo. A maior parte da nossa vida é vivida em devaneio ou sonho acordado, e vemos o mundo através de um vidro escuro: esta é a experiência do vedantino sobre a escravidão à ilusão ou *maya*. É somente ao se erguer este véu de *maya* que se pode tornar-se desperto, *buddha*. Se abrirmos nossos olhos, veremos que em nossa existência ordinária estamos afastados de nosso eu real e que vivemos em um estado decaído. Somos pecadores porque erramos o alvo; experimentamos sofrimento, *dukkha*, por ignorância. Não somos o que nós realmente somos; tendo esquecido a nós mesmos, nos enganamos sobre nossa identidade.

O santo indiano do século dezenove, Ramakrishna, contou uma estória sobre um tigre fêmea que atacou um rebanho de cabras. Ferida pelo tiro de um caçador no momento em que se lançava sobre sua presa, deu a luz a um filhote e morreu. O filhote cresceu na companhia das cabras. Seguindo seu exemplo, começou a comer grama e a berrar como elas, mesmo quando se tornou um tigre adulto. Um dia outro tigre atacou o rebanho e ficou surpreso ao vê-lo pastando entre o rebanho. Quando o tigre selvagem agarrou o tigre que comia a grama, este último começou a berrar. O tigre selvagem arrastou-o para a água e pediu que olhasse sua face na água e visse que ela era idêntica à sua. Ele deu um pouco de carne para o tigre que berrava, o qual teve dificuldade em comê-la. Gradualmente, entretanto, o tigre comedor de grama veio a conhecer o sabor do sangue e deliciou-se em comer carne. Então o tigre selvagem disse: "Agora você vê que não há diferença entre você e eu; venha e siga-me para a floresta".[2]

Podemos bem imaginar o som do rugir dos dois tigres reverberando pela floresta! Nós esquecemos de nossa face, nosso rugido selvagem, e berramos, como se fôssemos cabras. Quando nos lembramos de nós mesmos é como o filho pródigo ao dar-se conta de si mesmo; este nosso irmão estava morto e agora está vivo novamente, estava perdido e agora foi encontrado. Por mais miserável que o homem possa estar, ele pode se tornar desperto; pode reorientar-se e passar por uma transformação radical. Com esforço, conhecimento e orientação, pode tornar-se o que ele é: "Filho do Altíssimo", participante da natureza divina e um filho de Deus.[3]

Quando se começa a despertar, percebe-se o conflito interior entre os dois pólos de si mesmo: trevas e luz, eu inferior e eu superior (Plotino), o pequeno eu *(ahamkar)* e o eu real *(Ātman)* dos *Upanishads*, mundo e Deus (São João), carne e Espírito (São Paulo). E esta batalha é travada na psique do homem; a mente do homem é o campo de batalha do *Bhagavad Gita*. Como o *Maitri Upanishad* (6.34:11) diz, "a mente, na verdade, é a causa da escravidão e da libertação". Tendências ascendentes e descendentes apoderam-se de nós em diferentes períodos; alternadamente, afirmamos e negamos nossos eus mais profundos. Neste movimento cósmico de vastas forças, nós nos contorcemos como um peixe fisgado.

O Ego

De fundamental importância à vida espiritual, no Oriente ou no Ocidente, é a entrega do ego. Cristo disse "Se alguém quiser vir após mim, negue-se a si mesmo".[4] Isto, e não ética, igrejas, rituais ou doutrinas, é essencial. O segundo nascimento somente ocorre depois do deslocamento do ego do centro de nós mesmos. Um dos principais propósitos do ascetismo, das tradições esotéricas e das práticas espirituais é auxiliar uma pessoa a ver que, *por si mesma*, como é, é um mero nada. Então, ela poderá ser capaz de entregar o seu ego à vontade superior e renascer, no Espírito. "No meu fim está o meu começo",[5] pois, como diz um ditado hassídico, não há lugar para Deus naquele que está cheio de si mesmo.

O que, então, é o ego? Na base de todas as nossas atividades há alguma ansiedade – física, social ou metafísica. Nossas mentes nunca estão quietas; esquematizações, cálculos e preocupações constantes produzem os sons incoerentes de nossa máquina falante interna. As raízes desta ansiedade universal são o desejo de ser alguma coisa, de se tornar alguém, de reivindicar que se é alguém e o concomitante medo do fracasso desta reivindicação. Correspondendo a estes, há posturas e papéis internos e externos que imaginamos para nós mesmos ou que adquirimos de nosso condicionamento. Então identificamos a nós mesmos por esses papéis. A constelação dessas posturas, pretensões, desejos, medos – conflitantes e mutáveis – é o ego. O que quer que em mim anseie por aquisição, posse e reconhecimento – exigindo o *meu* conforto, reivindicando o *meu* sucesso, prestígio, riqueza e poder – é o meu ego. Usamos uma palavra apenas, mas, na realidade, no nível do ego, não há nada permanente ou constante, somente multiplicidade confusa e dispersa, como um exército inteiro de macacos bêbados em agitação frenética, correndo de lá para cá sem direção, propósito ou vontade.

Todas as ações do ego são controladas pela ansiedade. Siddhartha, o Buda, expressou isto com simplicidade, como uma de suas quatro Nobres Verdades: A causa da dor, *dukkha*, é o anseio ignorante, *trishna*. A nossa obstinação pessoal, nutrida pelo nosso anseio, tenta moldar o mundo de acordo com o nosso interesse egocêntrico. Este empreendimento absurdo está fadado a falhar e a nossa vontade pessoal sofre. Na verdade, "nada arde no inferno exceto a vontade pessoal".[6]

A vontade pessoal e o interesse pessoal dominam nossas vidas e transformam o mundo num imenso bazar onde cada um está gritando o mais alto possível para atrair a atenção e fazer a sua pequena barganha. Na verdade é por isso que "meu reino não é deste mundo".[7] Qualquer coisa do mundo, que pertença à teia do ego, é oposta à vida do Espírito. "Se alguém ama o mundo, não está nele o amor do Pai".[8]

Isto não significa dizer que devamos parar de viver no mundo e cometer o suicídio ou que devamos, por assim dizer, agüentar o mundo até a nossa morte. Ao invés disso, é uma questão de orientação básica: não é o *mundo* mas nossa *mundanalidade* que se opõe ao Espírito. Cristo orou por seus discípulos: "Não peço que os tireis do mundo, mas que os guardeis do mal".[9] É o mal que nos tenta ao egoísmo. Na vida de uma pessoa espiritual, a supramundanalidade permeia cada ato, e isto transforma todas as coisas. Não se é assim arrastado pelo anseio e não se está sob o domínio do mundo: opera-se, portanto, sob diferentes leis, obtendo direção a partir do interior, e deste modo a mais ordinária atividade humana torna-se um sacramento, um ato de adoração. A ação, então, é pura, simples e no presente – sem ansiedade, que sempre diz respeito ao passado ou ao futuro. Um monge zen perguntou a seu mestre: para se trabalhar no *Tao* há um caminho especial?

> O Mestre respondeu: Sim, há um caminho.
>
> Monge: Qual é?
>
> Mestre: Quando se está com fome, come-se;

quando se está cansado, dorme-se.
Monge: Isto é o que todo mundo faz;
o caminho deles é o mesmo que o seu?
Mestre: Não é o mesmo.
Monge: Por que não?
Mestre: Quando comem eles não apenas comem,
mas tecem todo o tipo de imaginações.
Quando dormem, eles dão rédea solta a mil pensamentos ociosos.
É por isso que o seu caminho não é o meu caminho.

Assim como somos, sem rumo, o nosso interesse egocêntrico não se harmoniza com o interesse de nosso eu mais profundo. Nós não buscamos primeiro o reino interno e somente depois o externo; ao contrário da verdadeira ordem, nós primeiro nos esforçamos pelo domínio do mundo. Se necessário, nós até mesmo negamos e sacrificamos o superior pelo inferior. Mas, "o que aproveitará o homem, se ganhar o mundo inteiro mas arruinar sua vida?"[10] É o falso eu, o ego, que está obsecado com a conquista do mundo. É este ego que devemos sobrepujar a fim de "nascer de novo . . . do Espírito".[11] A conquista do ego é na verdade a vitória sobre o mundo psíquico abstrato, construído por nós mesmos, o qual habitamos e nos mantém sobrecarregados e pesados. Aquele que sobrepujou o mundo é do alto e não deste mundo; uma tal pessoa vivendo no mundo não é impelida por desejos mundanos ou ambições. Ela faz o que lhe é exigido pelo alto, não para sua satisfação ou glória pessoal.

Os traços distintivos do egoísmo são o *eu*, separado do resto do Universo, e o *meu*. Estes são o seu próprio âmago e substância, e é através destes que um homem "prende-se a seu *eu* como um pássaro em uma armadilha".[12] Estes são os núcleos ao redor dos quais tudo no mundo revolve. Um homem do mundo diz: eu faço isto, eu tenho aquilo; ele é autocentrado mesmo quando faz boas obras no serviço a outros. Enquanto qualquer atividade – orar, meditar, dar esmolas – for controlada por nosso *eu*, ela será uma atividade egoísta.

> "Hoje obtive isto, e amanhã hei de obter aquilo, conforme o desejo do meu coração. Isto me pertence e aquilo me pertence. A este inimigo derrotei e àquele derrotarei. Eu sou o senhor! Eu sou meu próprio deus, e tudo no mundo há de me servir para meu gozo. Eu sou feliz, forte, poderoso! Eu sou rico e nobre. Onde está outro que me iguale? Distribuirei esmolas entre a população, para que se conheça a minha liberalidade e se espalhe a minha fama!" Assim os engana a ignorância.[13]

Atos inegoístas são realizados somente por aquele que não está sob o domínio de seu *eu*, que não faz para si mesmo ou para o seu progresso pessoal, na terra ou no céu. Ele responde a uma exigência interna que pode ou não levar em consideração sua conveniência. "Nada faço por mim mesmo . . . não procuro a minha glória . . . As palavras que voz digo, não as digo por mim mesmo, mas o Pai, que permanece em mim, realiza suas obras."[14]

Assim, há duas atitudes relativas a si mesmo; na primeira, o *eu* é o *iniciador*, e na outra o *eu* é um *instrumento* que realiza os ditames de uma vontade superior. A luta entre estas duas tendências é o conflito entre o profano e o sagrado, as duas naturezas do homem. Muita confusão resulta do fato de que, em qualquer dos casos – quer o *eu* seja o autor ou um instrumento – a linguagem é usada, e os atos são realizados por e através de aspectos de nossos *eus*-egos. Tendemos a considerar apenas a aparência imediata e nos identificamos completamente com o ego que usurpa para si os direitos de autoria. Assim vivemos por nós mesmos e para nós mesmos somente, separados da pessoa que está por detrás da máscara de nossa personalidade. Para nós, a Auto-realização torna-se minha realização; o demônio do *meu* não se afasta de nós.

O que costuma ser chamado de individualismo é totalmente oposto, em sua essência, ao ponto de vista espiritual.[15] O mesmo é verdadeiro em relação ao humanismo moderno, pós-renascença, sinônimo do individualismo, que considera o significado e o propósito de uma dada vida humana em termos da pessoa particular – seu preenchimento, sua glória, sua salvação. Basicamente, por este ponto de vista, a pessoa é responsável apenas por si mesma, por seu ego isolado, nuclear, separado do cosmos. Desta forma, o homem moderno individualista é autocentrado com veêmencia, não reconhecendo nenhuma autoridade superior e devotado à auto-expressão e ao autopreechimento – precisamente o *eu* o qual Cristo disse que deve ser negado a fim de segui-lo. Em um individualismo mais verdadeiro, se é responsável pela nutrição e emergência do Eu interior mais profundo. Este Eu, entretanto, não pode ser controlado ou manipulado por nós. Podemos, em nossa quietude, dar-lhe espaço; somente então podemos ouvi-lo e obedecer-lhe.

A palavra sânscrita para ego é *ahamkara*, a qual significa literalmente "eu sou o agente". Esta palavra expressa com clareza o ponto de vista egoísta que, segundo o *Bhagavad Gita* (3:27.28), somente pode ser mantido na ignorância: "Toda a ação (*karma*) é na verdade realizada pelas *gunas* de *Prakriti* (os componentes da Natureza). Aquele que está iludido pelo ego pensa "eu sou o agente". Mas aquele que possui a verdadeira percepção das operações das *gunas* e suas várias funções sabe que *gunas* agem sobre *gunas*, e permanece desapegado de suas ações". Tudo o que vemos ou sentimos, incluindo nosso corpos e nossas funções psíquicas, são produtos do movimento das forças da Natureza. A essência do egotismo serve para o homem pensar que ele é o criador de si mesmo e de seu destino. Enganados pela ignorância, pensamos que conduzimos o show, como a tribo cujos membros acreditam que o sol se levanta somente por causa de suas orações diárias. Somos como gatinhos convencidos de que a porta se abre pela força de nosso miado. Há um ditado hassídico que diz que os orgulhosos renascem como abelhas, pois em seu coração o homem orgulhoso diz: "eu sou um escritor, eu sou um cantor, eu sou grandioso no estudo". O que é dito de tais homens é verdadeiro – de que eles não se voltarão a Deus, nem mesmo no limiar do inferno. Portanto, eles renascem depois de morrerem. Eles nascem novamente como abelhas que zunem e zumbem: "Eu sou, eu sou, eu sou".[16]

De acordo com um símile usado no *Katha Upanishad* (1.3:3-4), o corpo humano é como uma carruagem cujos corcéis são os sentidos; a mente ou intelecto discursivo *(manas)*, as rédeas; a alma ou intelecto contemplativo *(buddhi)*, o cocheiro; e o Eu *(Ātman)*, o proprietário da carruagem. *Buddhi* é a inteligência integrada que se situa entre a mente humana e o Espírito, entre o que está embaixo e o que está em cima, entre o individual e o cósmico.[17] É a vontade que pode orientar um ser humano rumo à luz do Espírito e dar direção à mente e aos sentidos. Por outro lado, se os sentidos tornam-se desobedientes como os corcéis de uma carruagem, eles afetam a mente, o que, por sua vez, leva à dissipação e fragmentação de *buddhi*. *Buddhi* possui um caráter anfíbio: pode mergulhar e permanecer no mundo inferior da matéria ou pode voar para os reinos superiores do Espírito. No primeiro caso, o homem é levado a desejos conflitantes, ilusão e escuridão. Isto é o pecado; isto é o que causa o sofrimento. No outro caso, há a possibilidade de movimento em direção à luz, em direção à compreensão, integração e unidade.

A mente e a inteligência integrada *(buddhi)* pertencem ambas à psique do homem e, junto com seu corpo, são os determinantes de sua individualidade, a qual, com esforço e auxílio, pode servir a um propósito superior. Pertencendo à natureza material do homem, elas representam sua particularidade – a colocação específica de forças e a combinação especial que o distingue dos outros. Este é o campo das ações, memórias e pensamentos individuais; este é o reino do espaço, tempo e causação; esta é a arena dos esforços e conhecimento humanos. É aqui que um homem pode purificar a si mesmo, orientar-se em direção ao alto e tornar-se disponível. Ele pode cuidar de suas redes e dispô-las judiciosamente; então, paciente, deve esperar, em prontidão para o que possa vir.

Quando permite que seus lábios sejam limpos com "uma brasa ardente", ele algumas vezes ouve o chamado "Quem enviarei? Quem irá por mim?" Ele pode então, se tem a coragem, tornar-se um instrumento, um profeta, e dizer, como Isaías, "Aqui estou eu; enviai-me".[18]

Assim como somos, estamos incapazes de ver ou ouvir ou compreender a realidade superior, pois vivemos em um estado de autopreocupação. Se reconhecemos nossa situação, podemos começar a estar abertos ao que é. Temos que nos preparar para ver e para ouvir e para estarmos prontos quando formos chamados. Podemos fazer a vontade divina quando não fazemos a nossa própria vontade. Temos um reto ordenamento dentro de nós mesmos quando podemos dizer como São Paulo: "Eu vivo, mas já não sou eu que vivo, pois é Cristo que vive em mim".[19]

Entregando o Ego

Toda tradição espiritual reconhece e tenta reconciliar uma dualidade, profundamente arraigada na natureza humana.[20] Há o eu inferior, o ego separado, enredado no mundo, arrogando-se a si a identidade total da pessoa, em conflito com o Espírito. Enquanto permanecermos sob o seu domínio, estaremos "apartados de Deus"[21] e em sofrimento. É, contudo, possível arrependermo-nos e alcançarmos a nossa mente verdadeira,[22] reorientarmo-nos radicalmente e permitirmos ser conduzidos pelo Espírito. Somente então uma reconciliação pode ocorrer. Em um diálogo escrito por Jacob Boehme, encontramos uma metáfora muito sugestiva:

> Discípulo: . . . Oh, como posso alcançar a unidade da vontade e como chegar à unidade da visão?
>
> Mestre: . . . Agora preste bem atenção no que eu digo; O Olho Direito olha em você para a eternidade. O Olho Esquerdo olha para trás em você, em direção ao tempo. Se agora você próprio sofre por estar sempre olhando para a Natureza e as coisas do tempo, será impossível para você algum dia alcançar a unidade que você deseja. Lembre-se disto, e esteja atento. Não dê permissão à sua mente para entrar nem para ocupar-se com aquilo que está fora de você; tampouco olhe para trás sobre você

mesmo ... Não deixe que seu Olho Esquerdo o engane, ao continuamente fazer uma representação após outra, e com isso provocar um anseio ardente de correção pessoal; mas deixe que seu Olho Direito comande o Esquerdo ... E ao apenas trazer o Olho do Tempo para o Olho da Eternidade ... e descendo através da Luz de Deus para a Luz da Natureza ... você alcançará a Unidade da Visão ou Uniformidade da Vontade.[23]

Mas, o poder da "Natureza e das coisas do tempo" é realmente grande, e o nosso ego afirmativo, apoiado por todas as forças mundanas, manifesta a si mesmo. A entrega do ego começa a parecer como algo suicida ou desastroso, contrário às nossas idéias sobre o desenvolvimento e sucesso humanos. Desejamos tratar com algo que é superior a nós em nossos próprios termos. A nós parece que o sábio está fora de si e não em seu juízo perfeito, pois se comporta como se estivesse morto para o mundo. Mas aqueles que "possuem o pensamento de Cristo" sentem que "a sabedoria deste mundo é loucura diante de Deus".[24] Devemos estar fora de nossas mentes mundanas a fim de sermos elevados de entre os mortos e tornados novos em mente e espírito.[25] Somente se pudermos deixar nosso eu inferior para trás e sermos "crucificados ... para o mundo", é que poderemos nascer no Espírito.[26] Como o *Maitri Upanishad* (6.34:6-7) diz: "A mente é de dois tipos, pura e impura; impura pelo contato com o desejo e pura quando liberta do desejo. Libertar a mente da preguiça e torná-la imóvel, quando então se atinge o estado de não-mente, este é o último passo".[27]

Quando se está acabado, esvaziado de si mesmo, não se fala essencialmente como esta ou aquela pessoa, com uma tal e qual história. Não se fala então como um indivíduo particular, pois Auto-realização não é auto-expressão. O Eu não é mais uma outra aquisição ou realização, por mais sublime que seja. Ele não pode ser vencido, coagido ou violado. O Espírito não é mais seu do que meu; não podemos possuí-lo. É o Espírito que é o proprietário da carruagem. As folhas nada podem exigir do vento. O Espírito não é privado; ele é supra-individual e supracultural. Alguém que nasce do Espírito não proclama a si mesmo, pois "este homem agora tornou-se outro e não é nem ele mesmo nem pertence a si mesmo".[28]

Tudo o que social ou culturalmente define uma tal pessoa não é mais de muita importância. Ele se tornou uma não-entidade do ponto de vista mundano; o seu reino é em outro lugar. O Buda "não é nem sacerdote, nem príncipe, nem marido, nem, em absoluto, alguém. Eu vagueio no mundo como um verdadeiro nada ... é inútil perguntar por meu parentesco".[29] Como Melquisedec, ele é "sem pai, sem mãe, sem genealogia, nem princípio de dias nem fim de vida! É assim que se assemelha ao Filho de Deus e permanece sacerdote eternamente."[30]

O tipo de conhecimento que pode nos levar ao Espírito possui um caráter transformador; no processo tornamo-nos diferentes. A fim de conhecer aquilo que é superior a nós, temos que *ser* superiores. Na verdade, ser e conhecer estão tão intimamente ligados que o *Mundaka Upanishad* (3.2:9) declara: "Aquele que conhece *Brahman* (Absoluto) torna-se *Brahman*". Para Parmênides e Plotino "ser e conhecer são o mesmo".[31] Abrir-se ao Espírito, então, já é um movimento com vistas a nascer do Espírito.

O homem liberto, para quem o véu mágico de *maya* é erguido, não está mais dentro dos confins do espaço e do tempo. Aquele que conhece o Espírito, que se tornou o Espírito, não é mais alguém em particular, pois está identificado com a própria essência do universal. O Espírito pode, contudo, manifestar-se através de um dado corpo e mente, através de um indivíduo no espaço-tempo, mas isto não o limita. O oceano pode dar surgimento a ondas e estar ativo através delas, mas não é limitado por elas. A nossa consciência comum é apenas uma pequena janela através da qual olhamos para a realidade; do ponto de vista da consciência superior, nós restringimos nossa visão de forma desnecessária. Se ampliamos as nossas portas da percepção, podemos ver mais claramente, não como vemos agora. Aquele que está desperto para o Espírito habita tanto no tempo quanto na eternidade; embora esteja no tempo, não é restringido por ele. A eternidade não é algo oposto ao tempo, nem significa uma duração temporal infinita, que continua para sempre. Nenhuma descrição exclusivamente em termos de tempo pode ser adequada para se compreender a eternidade, assim como nenhuma combinação de linhas em duas dimensões pode produzir um cubo; neste sentido, a esfera eterna é atemporal. Necessita-se de uma outra dimensão de consciência. Enquanto permanecemos confinados à nossa consciência comum, temos experiências e nos movemos apenas no tempo, obtendo apenas vagos e ocasionais vislumbres da eternidade.

> A curiosidade dos homens vasculha o passado
> E o futuro e se apega a essa dimensão.

Mas perceber o ponto de intersecção do atemporal
Com o tempo, é uma ocupação para o santo,
Nem mesmo uma ocupação, mas algo dado
E tomado, na morte de uma vida inteira de amor,
Ardor e inegoísmo e auto-entrega.[32]

A fim de experimentar a esfera eterna, não se morre fisicamente; é a reorientação do ego que é necessária. Quando se está desperto, os tentáculos do espaço-tempo caem e se está então liberto do tempo *(kalavimukta)*. Não se vive assim no passado ou no futuro, mas agora, no presente, plenamente desperto, radicalmente aberto. A eternidade contém o tempo dentro de si, como um cubo inclui um quadrado. Uma consciência, vendo o nosso mundo temporal de um ponto de vista eterno e universal, não pode estar limitada pelas nossas noções de seqüência linear, de tempo e causalidade ou de espaço tridimensional. Para ela, eventos passados e futuros são tão claros e compreensíveis quanto os presentes; são claros e visíveis os objetos próximos e distantes. "Ontem disse algo que pareceria de fato incrível. Eu disse: Jerusalém está tão próxima de minha alma como o lugar onde estou agora. Sim, é a pura verdade; o que está até mesmo a mais de mil milhas de Jerusalém está tão próximo de minha alma como meu próprio corpo; e estou tão certo disto como o estou de ser um homem".[33]

Quando uma pessoa não está confinada pelo espaço-tempo, torna-se um vidente e um audiente – alguém que vê e ouve com clareza os fatos sutis. O que quer que seja eterno é sempre presente, sem começo ou fim no tempo. "Se tomarmos a eternidade como não significando duração temporal infinita mas sim atemporalidade, então a vida eterna pertence àqueles que vivem no presente".[34] Kierkegaard fala de nós como *contemporâneos* com a ação eterna, redentora (embora passada) de Jesus Cristo. A ordem temporal – passado, presente e futuro – não descreve ou delimita a ordem eterna. Quando se está liberto do tempo, diz-se junto com Aurobindo:

> Tornei-me aquilo que antes do tempo eu era
> Um toque secreto trouxe pensamento e sentido
> à quietude: Toda a criação da mente ativa passara
> E se tornara em vazia e muda magnitude.[35]

Os sábios estão todos de acordo em que o Espírito é algo além de toda descrição, inefável. Assim como Ele não é nem vermelho nem não-vermelho, Ele não é nem um nem muitos, nem plenitude nem vazio, nem está no tempo nem fora dele, nem dentro nem fora, nem isto nem aquilo. Não é nada, tampouco tudo. Todas as categorias de pensamento e descrição derivam sua existência e significado Dele, e não Ele delas. Não é definido ou esgotado por qualquer fórmula ou símbolo, qualquer que seja. "Pelo que se deve conhecer aquilo pelo qual tudo isto é conhecido? Pelo que . . . se deve conhecer o conhecedor?"[36] Pensamento, conhecimento e linguagem funcionam todos no tempo e podem, na melhor das hipóteses, compreender e descrever o que é temporal, não o que é espiritual e, portanto, eterno. A negligência deste fato é responsável por inumeráveis disputas doutrinárias nas religiões e pelos problemas colocados pelos filósofos à religião. Como tolos, olhamos para o dedo que aponta para a estrela distante e o agarramos como se fosse a estrela.

A fim de dizer qualquer coisa em absoluto sobre a estrela distante, os sábios têm usado várias palavras simbólicas, tais como Aquilo, *Brahman*, Deus, YHWH, *Allah*, Coisa em Si, Vazio, Absoluto, Verdade, Amor, Nada – todas tentativas de nomear o inominável. Enquanto estas permanecerem apenas como palavras, conceitos e idéias, serão como carvões mortos sem nenhuma chama. No seu âmago, contudo, incorporam a força das erupções vulcânicas; representam o "fogo devorador" do qual nos aproximamos somente com medo e tremor, a fim de sacrificar o nosso ego. Aquele que experimenta o batismo sob o fogo pode emergir fundido e remodelado, não como ele mesmo, mas como a própria Pessoa, como *Purusha*, como o Filho de Deus. Ele pode ressurgir dos mortos para "o estado de Homem Perfeito, a medida da estatura da plenitude de Cristo".[38]

O que somos – nós que somos atraídos pela divindade e presos pelas nossas preocupações egoístas, que ouvimos o chamado da outra margem e o traímos? O movimento desta margem para a outra é a peregrinação espiritual. Nossa vida toca ambas as margens, mas por ignorância e medo nos apegamos a esta margem que imaginamos conhecer e onde nos sentimos seguros e com o controle da situação. Não sabemos o que nos acontecerá, tampouco o que faríamos se abandonássemos os nossos apoios mundanos habituais. Para não nos fazermos de bobos, escolhemos permanecer na prisão familiar de nossos pequenos egos, tentando realizar barganhas com o desconhecido, usando moedas de piedade, boas obras e erudição. Entretanto, apesar de nossa grande necessidade de certezas, simplesmente não pode haver qualquer garantia do que será revelado quando nos abrirmos e tornarmo-nos vulneráveis.

Como algumas das principais religiões diagnosticam a nossa situação? Que grupos de idiomas e conceitos elas usam? Como somos condicionados por eles à medida que crescemos? O que nos é preciso para reconhecer as suas e nossas superfícies e fazer um movimento para as profundezas?

2

A RELIGIÃO COMO EXPERIÊNCIA VIVA

A busca espiritual e a religião organizada estão relacionadas de forma muito semelhante ao amor e ao casamento: podem florescer juntas ou separadamente. Não há dúvida de que pode haver fingimento em assuntos de amor, mas o amor simulado não dura muito porque requer um constante doar-se de si mesmo. O casamento é uma outra questão; as pessoas com freqüência casam-se por razões outras que não o amor. É um arranjo socialmente sancionado que pode perdurar como hábito embotado, morto. Tem havido homens despertos dentro das religiões, mas também fora delas. Credos e teologias oficiais algumas vezes auxiliaram a busca espiritual e outras vezes a impediram; em geral parecem indiferentes a ela, como se suas preocupações principais fossem basicamente sociais e mundanas.

Imagina-se que a única e séria razão de ser das organizações religiosas, prédios, cerimônias e dogmas é auxiliar os homens em sua luta para viver uma vida santa, uma vida centrada no Espírito. Entretanto, com a tenacidade das forças mundanas, na esfera religiosa como em qualquer outra, meios e fins tornam-se freqüentemente confusos. As instituições e seus funcionários não raro encontram-se incapazes de devotar suas energias à sagrada tarefa de transformar homens "velhos" em "novos"; as velhas formas muitas vezes tornam-se mera rotina e repetição. O que é ainda pior, o que era feito para o serviço do sagrado pode ser mal utilizado no serviço do profano – algumas vezes em nome de Deus e seus profetas, algumas vezes por ignorância e outras por malversação intencional. A esses inumeráveis funcionários, sacerdotes e *pandits* (hindus versados em sânscrito e na filosofia, religião e jurisprudência da Índia, N.T.), através de toda a história, que engajaram em falsas negociações espirituais para sua própria glória, segurança ou conforto pessoal, Jesus dirigiu estas palavras:

> Os escribas e fariseus . . . dizem, mas não fazem. Amarram fardos pesados e os põem sobre os ombros dos homens, mas eles mesmos nem com um dedo se dispõem a movê-los. Praticam todas as suas ações com o fim de serem vistos pelos homens. . . . Ai de vós, escribas e fariseus, hipócritas, porque bloqueais o Reino dos Céus diante dos homens! Pois vós mesmos não entrais, nem deixais entrar os que querem fazê-lo! Ai de vós, escribas e fariseus, hipócritas, que percorreis o mar e a terra para fazer um prosélito, mas, quando conseguis conquistá-lo, vós o tornais duas vezes mais digno da geena do que vós! . . . Ai de vós, escribas e fariseus, hipócritas, que limpais o exterior do copo e do prato, mas por dentro estais repletos de rapina e intemperança! Fariseu cego, limpa primeiro o interior do copo para que também o exterior fique limpo! Ai de vós, escribas e fariseus, hipócritas! Sois semelhantes a sepulcros caiados, que por fora parecem bonitos, mas por dentro estão cheios de ossos de mortos e de toda podridão. Assim também vós: por fora pareceis justos aos homens, mas por dentro estais repletos de hipocrisia e de iniqüidade. Ai de vós, escribas e fariseus, hipócritas que edificais os túmulos dos profetas e enfeitais os sepulcros dos justos e dizeis: "Se estivéssemos vivos nos dias dos nossos pais, não teríamos sido cúmplices seus no derramar o sangue dos profetas".[1]

O esforço espiritual é essencialmente no sentido de despertar e renascer. "Quem não nascer de novo não pode ver o Reino de Deus".[2] Na luta necessária do indivíduo com as forças soporíficas, as religiões organizadas têm invariavelmente auxiliado as últimas – algumas vezes não de forma deliberada e com boas intenções. Em geral, o gênero humano parece crescer em cima de ilusões. A maioria de nós não tem nem a intenção nem os recursos internos necessários para fazer sequer o começo de um esforço no sentido de acordar de nosso sono hipnótico comum. Parece que necessitamos, depois de pão e circo, de alívio, conforto, aprovação, e a crença de que um olho poderoso, benevolente e magnânimo traz os nossos assuntos sob sua amável vigilância. Qualquer instituição que preencha estas necessidades prospera no mundo. E as instituições religiosas tornaram-se prósperas. *Pandits* e sacerdotes, se é que eles sofrem, não estão necessariamente sofrendo no campo de batalha do Espírito. Em assuntos espirituais, o sinal seguro de um ensinamento falsificado é que ele promete muito por muito pouco esforço da parte do aspirante: nenhuma *senda* espiritual genuína é fácil ou confortadora, nem se auto-promove.

Em seu âmago, as religiões freqüentemente contêm sussurros da outra margem; mas estes sons delicados são abafados no alarido mundano. Seus adeptos penduram-se nas palavras, ossos, vestimentas, pegadas e outros fósseis, reminiscência de uma luta e um triunfo espirituais. Eles tendem a buscar e a encontrar apenas segurança, caindo em uma rotina morta de litanias, rosários, genuflexões, bênçãos e moinhos de oração, como que pintando um Rembrandt através de números. As religiões organizadas são, por sua própria natureza, idólatras, adorando pessoas, mitos, imagens, lugares ou conceitos. Estes elementos são precisamente aqueles sobre os quais as religiões organizadas se estruturam. Qualquer um destes objetos adorados pode ser de auxílio e uso em nossa própria busca, mas deve-se estar em vigilância constante. Os símbolos podem muito facilmente cobrir, velar e substituir a própria realidade que presumem indicar. O dedo que aponta para a lua pode ocultá-la se mantido muito próximo do olho.

O lamento de Nietzsche sobre o fato de um cristão ser igual a todas as outras pessoas pode bem ser aplicado aos adeptos de todas as outras religiões. Todo o propósito da educação espiritual é produzir uma mudança no viver, naquilo que se faz e não como se faz. Não é uma questão de concordar com alguma doutrina, dogma ou fórmula, se há ou não alma, se ela transmigra após a morte ou não, se o mundo foi criado em uma determinada época ou não. Como o Buda disse, "quer essas opiniões ou seus opostos sejam sustentados, mesmo assim há renascimento, há velhice, há morte e pesar, lamentação, sofrimento, dor e desespero . . . eu não expus essas opiniões porque elas não conduzem à extinção do anseio, à tranqüilidade e ao *nirvana*".[3]

A vida espiritual não é essencialmente uma questão de crença em algo, embora esta possa lhe ser relevante em certo estágio de desenvolvimento. É uma questão de viver, buscar, lutar, vencer etapas. É um esforço de se tornar naquilo que, em termos comuns, não se é: livre. E esta transformação não se dá em lugares e atividades especiais; até mesmo o ato mais ordinário é realizado de forma diferente. Um discípulo hassídico foi perguntado se ele visitava seu mestre para ouvir suas palavras de sabedoria. "Não", respondeu, "eu quero ver como ele amarra os cadarços de seus sapatos".[4]

Nenhum louvor, por mais solene o modo pelo qual seja entoado, pode por si mesmo produzir compreensão e mudança. "Nem todo aquele que me diz "Senhor, Senhor" entrará no Reino dos Céus, mas sim aquele que pratica a vontade de meu Pai que está nos céus".[5]

Lemos no *Vishnu Purana* que aqueles que abandonam seus deveres e simplesmente proclamam o nome do Senhor, Krishna, Krishna são na verdade os inimigos do Senhor e pecadores, pois o Senhor nasceu para proteger a retidão. O grande santo e poeta Kabir diz:

> Idades se passaram virando as contas,
> Mas o virar do coração não ocorreu.
> Ponha de lado as contas da mão,
> E vire as contas do coração.[6]

É esta reorientação da mente e do coração que é requerida, ao invés de conhecimento sobre as escrituras, execução de detalhes litúrgicos ou disputas doutrinárias. É o movimento na nova direção – para longe do egoísmo e da ganância – que imprime autoridade às palavras de uma pessoa desperta. Esta autoridade não é eclesiástica; é autoridade moral e espiritual, a partir da experiência vivida, não do ouvir dizer ou de leituras. Jesus "as ensinava com autoridade e não como os seus escribas". Ele falou do que ele conhecia e testemunhou sobre o que tinha visto.[7]

> Nada há senão água nos lugares sagrados de
> banho; e sei que eles são inúteis,
> pois banhei-me neles.
> As imagens são todas sem vida, não podem falar;

eu sei, pois gritei para elas.
Os Purana e os Korana são meras palavras;
levantando a cortina eu vi.
Kabir pronuncia as palavras da experiência;
e sabe muito bem que todas as outras coisas
são falsas.[8]

Teólogos, filósofos, pregadores usam palavras, mas não "palavras de experiência"; na maioria dos casos, não têm autoridade, pois não "levantaram a cortina". Eles não possuem a sabedoria da outra margem; meramente correm para cima e para baixo nesta margem, gritando slogans e tentando converter uns aos outros, muitas vezes a fim de aumentar o sentido de sua própria importância e segurança.

Quando a vida e os ensinamentos de um mestre são codificados e formulados, obtemos, no máximo, apenas uma representação fotográfica de uma pessoa viva e as experiências que ela corporificou. Nenhuma quantidade de informação histórica ou interpretação teológica pode acrescentar-se àquela Rajada do Espírito, que sopra onde quer, destruindo e construindo.[9] A verdade literal, por mais fielmente que seja registrada, permanece vazia a menos que seja vitalizada através de sofrimento e experiência. A transmissão essencial de um ensinamento não é a princípio uma questão de preservar o que o mestre de fato disse nesta ou naquela ocasião; depende mais de uma compreensão e assimilação interior por uns poucos iniciados em sucessivas gerações. A verdade espiritual, mais do que qualquer outra verdade, possui esta qualidade intensamente experiencial; a menos que se expresse em uma pessoa, até mesmo o maior enunciado tende a degenerar em palavras e slogans vazios. Podemos ampliar essas palavras em mais palavras ao introduzir distinções verbais cada vez mais refinadas; nesse processo construímos uma barreira interna entre nós próprios e nossas percepções. Quanto menos somos tocados por qualquer experiência genuína, mais nos apegamos a palavras e rituais e mais possessivos e exclusivos nos tornamos. Mas, a realidade espiritual é compreendida apenas por aqueles que não querem possuí-la, que estão dispostos a ficarem despidos e a tornarem-se vulneráveis.

Podemos, entretanto, começar apenas de onde estamos. É uma parte do jogo de forças nos encontrarmos onde estamos, sob um dado conjunto de condições e circunstâncias. Os vários ambientes culturais nos quais vivemos emprestam sua própria interpretação e coloração à busca primordial. Estas formas – filosofias, dogmas, rituais – são o que os homens tentam possuir, pelos quais os homens brigam e matam. Todas as religiões, como todas as filosofias, são em última instância mentiras; o próprio ato de formalizar trai a espontaneidade da experiência. Será que é por nada que ambas as palavras *tradição* e *traição* são derivadas da mesma raiz? Na melhor das hipóteses, as tradições apresentam interpretações doutrinárias e ritualísticas da realidade experimentada. Por si mesmas, sem a presença de homens ardendo com o fogo do Espírito, elas não podem realizar a tarefa de *re-integração* ou *união* com a realidade superior – os radicais das palavras *yoga* bem como *religião*. Contudo, no esforço de um indivíduo para realinhar-se com o que é superior, é indispensável que ele trabalhe através de si mesmo, pois ele mesmo é a própria pedra a partir da qual será moldada a escultura do novo ser. Nesse processo, ele tem de compreender e sobrepujar o seu condicionamento cultural e religioso.

As religiões auxiliam a moldar e modelar as nossas atitudes e aspirações mais básicas, até mesmo para aqueles que formalmente não aderem à religião alguma ou que detestariam reconhecer qualquer influência semelhante. A religião é a força mais importante na formação de nossos filtros culturais através dos quais percebemos a realidade. De acordo com a psicólogo Carl Jung, "o ponto de vista religioso representa sempre a atitude psicológica e seus preconceitos específicos, mesmo para aquelas pessoas que esqueceram sua religião, ou que dela nunca ouviram falar."[10]

Aquele que quiser conhecer a si mesmo deve conhecer o invólucro particular de sua religião societária, que o protege tanto da escuridão do caos moral como da luz ofuscante da verdade superior. Quando ele estiver preparado, não apenas para compreender a verdade mas também para suportá-la, ele pode pôr de lado o invólucro protetor e *ver*. O grande santo do século dezenove, Ramakrishna, frustrou-se repetidas vezes pela imagem de sua amada mãe, a deusa Kali, a quem era extremamente devotado, em suas tentativas de ir até mesmo além de sua imagem e forma a fim de contemplar o Espírito de modo direto. "Então, com grande determinação começei a meditar na maneira aconselhada, e quando desta vez também a forma abençoada da Mãe apareceu diante de mim, usei meu discernimento como uma espada e cortei sua forma em duas".[11]

Na realidade, existem tantas religiões quantos são os indivíduos, cada uma de acordo com a formação, necessidade, compreensão e preconceito da pessoa. Se lembrarmos que no momento há aproximadamente um bilhão de cristãos no mundo e que houve muitos mais nos últimos dois mil anos, não podemos deixar de nos impressionar com a imensa variedade dentro de uma tradição religiosa. O mais erudito teólogo, São Tomás de Aquino, e um humilde camponês, ou um idiota de uma vila; São Francisco de Assis, com um amor transbordante, e os Inquisidores; Jesus Cristo, que sacrificou-se pelo mundo, e Adolf Hitler – todos estes subscreveram o Cristianismo à sua própria maneira. Como William Blake disse,

> A visão de Cristo que para ti aparece
> É a grande inimiga da visão que para mim acontece.
> A tua possui um grande nariz torto como o teu,
> A minha possui um nariz arrebitado como o meu.[12]

É claro que há uma variedade igualmente imensa em outras religiões também; tendemos a imaginá-las como monolíticas precisamente porque não estamos cônscios de sua diversidade interna. Ainda assim, por mais diferentes que nossas religiões individuais sejam e por maior que seja a diversidade dentro de cada tradição religiosa, é possível fazer algum agrupamento. Nossas sensibilidades espirituais são condicionadas pela sociedade comum na qual crescemos, a linguagem comum que usamos e as tradições às quais estamos expostos.

Os dois grupos considerados nas páginas seguintes são Judaísmo e Cristianismo por um lado, e as duas principais religiões indianas – Hinduísmo e Budismo – por outro. É óbvio que há diferenças profundas e irreconciliáveis entre as duas religiões em cada um dos grupos. Entretanto, essas diferenças desaparecem quando comparamos os dois grupos principais um com o outro.

Dentro do mesmo grupo, há uma herança comum de sábios e profetas e um solo compartilhado de linguagem e cultura. Há uma diferença muito menor entre o *Deus* cristão e o *Yehweh* judeu do que entre quaisquer destes e o *Brahman* hindu. E, apesar de muitas divergências internas, há várias idéias – por exemplo, as de *fé e singularidade da história* na tradição judaico-cristã, e de *karma* e *reencarnação* na herança hindu-budista – que são compartilhadas dentro dos grupos principais. Nos próximos três capítulos, consideraremos os grupos de idéias e conceitos nas correntes principais das duas tradições – um sustentando a visão de mundo e as sensibilidades ocidentais, o outro amparando as orientais – atentos ao fato de que agora estamos tentando subordinar a variedade dentro de cada tradição e destacar as diferenças entre dois grupos principais.

3

A TRADIÇÃO INDIANA

O fato central na tradição indiana é o do *samadhi*, "o sol brilhante para o qual toda a religião Hindu aponta".[1] Ele é chamado por vários nomes: *moksha, nirvana, turiya*. Em contraste com os três estados de consciência ordinários – vigília, sonho e sono sem sonhos – há o estado indefinível, *turiya* (o Quarto), sobre o qual os *Upanishads* dizem:

> *Turiya* (o Quarto), dizem os sábios, não é experiência subjetiva, nem experiência objetiva, nem experiência intermediária entre essas duas, nem é uma condição negativa que não é consciência e nem inconsciência. Não é o conhecimento dos sentidos, nem é o conhecimento relativo, e nem o conhecimento inferido. Além dos sentidos, além da compreensão, além de toda expressão, está o Quarto. Ele é pura consciência unitária, onde a percepção do mundo e da multiplicidade é completamente eliminada. Ele é a paz indefinível. Ele é o bem supremo. Ele é o Um sem segundo. Ele é o Eu (*Ātman*). Conhecei apenas a ele![2]

Grande parte da filosofia indiana é um comentário a esta passagem. Todas as religiões indianas exortam os homens a esforçarem-se pelo "supremo bem", conhecendo o Eu. Observe que o supremo bem para os homens na Índia não se refere a um Deus que está acima e além do homem. *Turiya*, o estado supremo, pode ser indefinível, mas não está além da experiência possível; é transcendente apenas no sentido de que não pode ser incluído em quaisquer categorias criadas pelo pensamento. Mesmo assim ele é uma parte intrínseca do homem; basicamente, nada há de super-humano acerca dele. Este estado é pouco freqüente e extraordinário, mas não está além do homem.

O vidente *upanishádico* mergulhou de modo muito profundo em si mesmo e experimentou o seu *Ātman*, imperecível, imutável, eterno. Externamente, os deuses da Natureza da Índia tinham dado surgimento a uma Divindade monoteísta, *Brahman* (o Grande), que permanecia acima e além do Criador, do Preservador e do Destruidor. Mas agora os videntes tinham revelado dois Absolutos – o *Ātman* interior e a essência universal, o *Brahman* exterior. Em algum lugar, nas margens do sagrado Ganges, foi então pronunciada a exultante afirmação que desde então tem reverberado nos Himalaias: o *Ātman* que está dentro é idêntico a *Brahman*: Tu és Aquilo.[3] A nossa essência mais profunda é una com a essência de todos os outros seres e de tudo o que existe. Fundamentalmente, no nível mais profundo, não há *outros*. A consciência do outro, separação de si mesmo do resto do cosmos, é uma marca de superficialidade. Somente uma pessoa superficial, não o sábio, pensa que pode viver por si mesma e para si mesma, distinta do Todo.

Os Deuses da Natureza

Na Índia, a longa luta entre o espírito do homem e as forças fora dele resultou em uma compreensão de sua identidade no nível mais fundamental. Em épocas há muito passadas, na Índia, como em outros lugares, diferentes forças da Natureza eram deificadas, temidas e louvadas. O *Rig Veda*, que é a mais antiga escritura indiana (datando de 6.000 a.C. a 1.000 a.C.?)[4], está repleto de hinos que invocam ou propiciam o deus da chuva, o deus do vento, o deus do fogo, o deus do sol e outros. As orações desses hinos são louvores à grandeza e ao poder, à Natureza misteriosa e às façanhas destas deidades, bem como orações para vários favores. Muitas vezes os favores buscados são de bênçãos materiais, tais como vida longa, prole vigorosa, gado, cavalos ou ouro. Assim, um hino dirigido a um dos deuses diz: "Traze-nos chuva do céu, proveitos não disputados (ou força irresistível), dá-nos mil vezes mais alimentos".[5]

Muitos dos hinos eram também cantados em conexão com a realização de rituais e ritos de sacrifício. No passado muito remoto os homens começaram a surgir com força e poder, até mesmo sobre os deuses que estavam inegavelmente identificados com as forças da Natureza. O poder que o homem tinha sobre os deuses era o poder do sacrifício – uma noção que desenvolveu um misticismo completamente de sacrifício nos estágios bem iniciais do desenvolvimento da cultura védica.[6] Se o sacrifício apropriado era realizado de acordo com o procedimento muito estrita e elaboradamente planejado, até mesmo os deuses teriam que ceder. Entretanto, os sacrifícios tinham de ser realizados com uma entonação firmemente precisa dos hinos prescritos nos *Vedas*.[7] De acordo com uma lenda, Tvashtar, o artesão arquetípico, tinha realizado um sacrifício para o nascimento de um filho que poderia matar Indra, o líder dos deuses védicos. Mas devido a um leve erro de pronúncia, o significado da oração foi mudado, e o sacrifício produziu um filho que não foi um assassino de Indra mas a quem Indra assassinou.

A Lei Natural

A crença de que até mesmo os deuses estão sujeitos a leis naturais é fundamental no pensamento indiano e é responsável pelo desenvolvimento de passos sistemáticos de *yoga* para perceber a unidade de *Ātman* e *Brahman*. É precisamente o mesmo espírito que se manifesta outra vez na rigorosa crença de Gautama Buda na cadeia de causa e efeito cósmicos. Além disso, esta é a razão pela qual a noção de graça, no sentido cristão, está em geral ausente nas religiões indianas. Nada pode escapar à lei. Há na verdade acontecimentos que são misteriosos e nos parecem ser miraculosos e sobrenaturais. Mas estes não são contrários à lei; eles são regidos por leis diferentes, das quais podemos não estar inteirados.[8] Assim, suplicar a Deus por algo que requeira uma suspensão da lei é inútil. A única atitude a tomar é elevar nossa consciência de forma a que nos tornemos cônscios das leis de ordem superior e possamos agir em conformidade a elas.

Os mandamentos védicos, relativos à precisa observância do ritual nos sacrifícios, e os benefícios particulares a serem deles obtidos eram mandamentos impessoais unindo os conceitos da lei inalterável e da perfeita onisciência; implicam, portanto, a possibilidade de colher todos os confortos desta vida e da vida além pela submissão a esses mandamentos e concordância com eles. Mas eles não implicam um legislador, um autor do Universo ou dos destinos dos seres humanos, que deve ser pacificado, obedecido ou amado, e por cuja graça recebemos as bênçãos da vida. Podemos controlar nossos próprios destinos e ter o que quisermos, se apenas seguirmos os mandamentos. Eles representam uma lei objetiva e inalterável realisticamente concebida. A literatura védica foi considerada como tendo existido por si mesma desde tempos imemoriais, e não criada ou composta por qualquer pessoa, humana ou divina. A suposição desta misteriosa onipotência dos sacrifícios, realizados conforme as injunções imperativas dos *Vedas* – independentemente da razão ou do pensamento lógico e discursivo – forma o traço principal do misticismo do tipo védico.[9]

Os mandamentos védicos eram considerados como estando acima e além da razão. Tentativas posteriores de intelectualizar os sacrifícios conduziram à substituição dos próprios sacrifícios pela meditação e reflexão. Acreditava-se que esta substituição produzia resultados igualmente positivos. Gradualmente, o conceito de sacrifício – com todos os seus conseqüentes benefícios – foi substituído pelos conceitos de austeridade e esforço. O esforço, de acordo com a lei, era recompensado, não importando a disposição dos deuses ou até mesmo a natureza boa ou má do realizador. A mitologia indiana está repleta de estórias nas quais um titã conquista algum poder especial de um dos deuses por seus próprios esforços – com freqüência requerendo força e perseverança sobre-humanas – e mais tarde ameaçando a destruição da humanidade.

O titã Hrinayakashipa conquistou a dádiva de que ele não seria morto por um deus, nem por um homem, nem por um animal. O demônio tornou-se imortal e começou a torturar o gênero humano.[10] (A estória possui um paralelo interessante no cenário contemporâneo no qual um gênio do mal se apodera dos segredos da energia nuclear!). Os deuses e os homens estavam igualmente indefesos e apavorados na presença dos terríveis poderes desencadeados para a destruição.

De acordo com a lenda, os deuses apelaram a Vishnu, a Força Vital, responsável pela manutenção da ordem cósmica, para intervenção. Vishnu saiu de seu repouso eterno, e um grande grito elevou-se em todas as direções; depois veio o silêncio terrível durante o qual toda criatura viva prendeu sua respiração à espera. Nem mesmo o todo poderoso Vishnu poderia infringir a lei – o segredo da imortalidade tinha sido arrebatado por Hrinayakashipa com diligência e conhecimento.

A terra tremeu, e então surgiu uma aterradora forma de vida – sem precedentes, imprevista, não imaginada por homens, deuses e demônios. Vishnu tinha encarnado como Narasinha – metade homem, metade leão – uma criatura contra a qual o demônio não se tinha prevenido. Na dádiva ele pediu que fosse protegido não apenas contra a morte nas mãos de uma forma de vida conhecida mas também contra outros pares de opostos, tais como em cima e embaixo, dia e noite, fora e dentro. Vishnu foi além dos opostos e emergiu de uma coluna que ligava o em cima e o embaixo, no anoitecer, ligando o dia e a noite, e matou o demônio no limiar – nem (ou tanto) fora nem (quanto) dentro. A lei não pode ser ignorada, mas uma lei superior pode contê-la e sobrepor-se a ela.

Meditação como Sacrifício

Houve uma mudança de ênfase posterior no tipo de esforço requerido pelo homem para obter controle sobre as forças naturais concebidas como deuses, quer para prosperidade material imediata ou para imortalidade. Esta mudança foi interna. Gradualmente, a meditação e a reflexão substituíram os ritos de sacrifício e os cantos de louvor. Por exemplo, o mais antigo *Upanishad* inicia com um relato do sacrifício do cavalo e interpreta este como um ato meditativo no qual o indivíduo oferece o Universo inteiro como sacrifício em lugar do cavalo; pela renúncia do mundo, ele atinge autonomia espiritual em lugar de soberania terrena.[11] Paralela a esta interiorização do esforço estava uma reavaliação das numerosas divindades, resultando na concepção de um Ser Supremo. Dessa forma, no *Rig Veda* (XII, 4.5) encontramos um verso no qual é dito que a divindade é uma só, embora seja chamada por vários nomes. Em um outro *Veda*, o mesmo Deus é dito tornar-se diferentes deuses que são apenas suas várias manifestações:

> Este *Agni* torna-se *Varuna* no anoitecer; no amanhecer ele se torna *Mitra* ; ele, tendo se tornado *Savita*, atravessa a atmosfera; ele tendo se tornado *Indra*, brilha no meio do céu.[12]

Novamente, no *Rig Veda* (X, 121.1 e 2) encontramos:

> Hiranyagarbha, o embrião dourado, surgiu no começo; nascido, ele era o único senhor de tudo o que existia. Ele sustenta a terra e este céu. A que deus ofereceremos adoração com oblação? Àquele que dá alento, que dá força, cujo mandamento os deuses esperam, cuja sombra é a imortalidade, cuja sombra é a morte. A que deus ofereceremos adoração com oblação?[13]

O Uno Absoluto

Assim, a religião védica deslocou-se gradualmente do politeísmo para aquilo que foi chamado de henoteísmo – o que significa que quando um dos deuses era adorado, ele era denominado o Deus Supremo. E depois a religião védica desenvolveu-se aos poucos em direção ao monoteísmo. No *Atharva Veda* (X, 7) encontramos um hino dedicado ao deus Skambha, onde as diferentes partes desta deidade são identificadas não apenas com as diferentes partes deste mundo material mas também com várias qualidades morais tais como fé, fervor austero, veracidade. Todos os trinta e três deuses dos *Vedas* estão contidos nele e se curvam a ele. Ele é também chamado de *Brahman*. Esta cristalização do conceito do Absoluto – o Ser de todos os seres, a Essência de todas as essências – foi o resultado de enorme esforço em compreender e sistematizar as forças naturais e os processos cósmicos. Não raro lemos perguntas e respostas do seguinte tipo:

> Quem verdadeiramente sabe? Quem aqui declarará sua origem, de onde surgiu esta criação? Após a criação deste Universo vieram os deuses; quem então sabe de onde ela surgiu?
> De onde esta criação surgiu; quer ele a tenha fundado ou não: ele que no supremo céu é o seu observador, somente ele sabe, ou então nem mesmo ele.[14]

Ora, o que deve ser feito com este Absoluto, *Brahman*? Como o homem irá relacionar-se com o Poder? Como o homem irá conhecê-lo? Sem esta inquirição, *Brahman* teria permanecido apenas um princípio metafísico intelectualmente concebido subjacente a um estudo das forças externas. Qual é o ponto de partida na vida espiritual? A resposta dos *Upanishads* a esta pergunta é o eu do homem. Portanto, a pergunta espiritual básica é "Quem sou eu?" É aqui que se deve começar a fim de se conhecer *Brahman*. Os

Upanishads exortam o homem a conhecer seu verdadeiro Eu, *Ātman*. Esta é a única maneira de se conhecer *Brahman*, pois em última análise *Ātman* é *Brahman*::

> Aquele que sabe que a alma individual, que aproveita os frutos da ação, é o Eu *(Ātman)* – que está sempre presente interiormente, senhor do tempo, do passado e do futuro – expulsa de si todo o medo. Pois este *Ātman* é imortal. . . . O que está dentro de nós também está fora de nós. O que está fora também está dentro. Aquele que vê diferença entre o que está dentro e o que está fora segue eternamente de morte para morte.[15]

A Alma do Homem e o Espírito Supremo

Aqui está o ponto crítico fundamental na tradição indiana: *Brahman*, o Uno sem um segundo, é acessível, cognoscível através de nós mesmos. Ao se removerem as sucessivas camadas dentro de si mesmo pode-se entrar em comunicação direta com o cerne, o *Ātman*. Na percepção do *Ātman* está a libertação, *moksha*, e a iluminação, *nirvana*; esta é a meta da vida humana.

Conhecer o *Ātman* é o bem supremo e incomparável, a religião suprema. Este conhecimento não é meramente racional; conhecer o *Ātman* é ter o ser inteiro transformado pois "aquele que conhece o *Brahman* torna-se *Brahman*".[16] "O Eu *(Ātman)* não é conhecido através do estudo das escrituras, nem através da sutileza do intelecto, nem através de muita erudição, mas é conhecido por aquele que anseia por ele. A muitos não é concedido ouvir sobre o Eu. Muitos, embora ouçam a respeito dele, não o compreendem. Maravilhoso é aquele que fala a respeito do Eu. Inteligente é aquele que aprende a seu respeito. Abençoado é aquele que, tendo aprendido com um bom mestre, é capaz de compreendê-lo. A verdade do Eu não pode ser completamente compreendida quando ensinada por um homem ignorante, pois as opiniões a respeito dele, não fundamentadas no conhecimento, variam de um para outro. Mais sutil do que o mais sutil é esse Eu, e além de toda a lógica. Ensinado por um mestre que saiba que o Eu e *Brahman* são um só, o homem deixa para trás a vã teoria e atinge a verdade. O caminho é como a lâmina afiada de uma navalha, dizem os sábios. É estreito e difícil de trilhar!"[17]

O importante é que, por mais difícil que possa ser, há uma senda – não *a* senda, pois os homens são diferentes e as explorações criativas de seus próprios eus não podem ser codificadas. Precisamente porque a meta, a verdade ou *Brahman*, está além de qualquer forma que seja, todas as formas de busca devem ser respeitadas. O que é correto e adequado para mim pode não ser de modo algum adequado a você porque você e eu diferimos enormemente um do outro. O ponto de partida é meu próprio eu; a *senda* é de minha própria escolha, em consonância com minha própria individualidade; a meta é a completa compreensão de minha essência mais íntima, o *Ātman*. Religião não é uma questão de concordar com algum dogma ou crença, mas de esforçar-se para desvelar as camadas mais profundas do ser do homem e fazer um contato permanente com elas.

Os eruditos têm discordado através dos milênios com relação à interpretação adequada das afirmações dos sábios védicos. Todas as escolas e perspectivas ortodoxas da filosofia indiana aceitam a autoridade dos *Vedas*,[18] mas sustentam visões diferentes com relação à natureza do *Ātman* e o método de sua realização.

Em algumas escolas, a alma individual está relacionada com o Supremo Espírito como crianças a um pai benevolente que necessita ser aproximado com devoção e auto-entrega, muito semelhante ao que ocorre no Cristianismo. Em algumas outras escolas, não há uma concepção teísta da Divindade como o Criador e Preservador do cosmos; a essência espiritual de uma pessoa é dita estar completamente separada da natureza material e as duas são para sempre auto-existentes. A filosofia da *Yoga*, formulada pelo grande sábio Patanjali (aprox. 200-100 a.C.) aceita a presença de *Ishwara*, Deus, e declara que a adoração de *Ishwara* e a meditação sobre ele são um dos meios de alcançar o conhecimento e a libertação supremos. Patanjali admite, entretanto, que não é absolutamente necessário acreditar em *Ishwara* a fim de se experimentar a verdade da religião, sustentando que a verdade se fará sentida apesar da crença ou descrença, desde que se siga a prática da *yoga*. Contudo, de acordo com Patanjali, é mais fácil alcançar o objetivo da iluminação espiritual através da fé em *Ishwara* e pela adoração e meditação sobre ele.

A mais influente escola de pensamento na Índia tem sido a da Vedanta. A palavra Vedanta significa, literalmente, o fim dos *Vedas*, com referência específica aos *Upanishads*, a última porção ou a parte essencial de cada um dos quatro *Vedas*. Os *Upanishads* não fazem qualquer tentativa de ordenar seus conteúdos, mas meramente registram as extraordinárias experiências dos videntes. Em uma tentativa de sistematizar e interpretar os *Upanishads*, Badarayana (500 a.C. a 200 a.C.?) escreveu os *Vedanta Sutras*.[19] Através dele tomamos conhecimento de outros eruditos que o precederam na mesma tentativa, mas cujos escritos não foram preservados. Esses sutras são em si mesmos bastante ininteligíveis, sem comentários. Entretanto, os *Vedanta Sutras* são, sem dúvida alguma, de grande autoridade, e todo filósofo importante escreveu comentários sobre eles. Os mais conhecidos desses filósofos são Shankara, o expoente de um não-dualismo extremo, *advaita*, e Ramanuja, que sustentava um não-dualismo moderado. Todavia, todas as escolas vedantinas concordam que a meta última é certamente o conhecimento de *Ātman -Brahman*. As diferenças surgem em relação aos métodos para a realização de *Ātman* e a interpretação a ser dada ao estado final de libertação – se *Ātman* torna-se o mesmo que *Brahman* ou se permanece diferente em essência; se a devoção a *Ishwara*, o Deus pessoal, pode conduzir à iluminação final ou não, e outras questões deste tipo.[20]

O Buda

No vasto panorama espiritual e filosófico da Índia antiga, destaca-se a eminente figura de Gautama Buda, o sábio silencioso do clã dos Shakya, irradiando sabedoria e compaixão. De acordo com a lenda, ele nasceu no século VI a.C., no norte da Índia, próximo ao Nepal. Tendo sido prevenido de que seu filho seria ou um imperador universal ou um Buda, o pai do futuro Buda tomou medidas para mantê-lo subjugado aos prazeres do mundo e desapercebido da verdadeira situação humana. Mas em vão: o futuro Buda cansou-se destes prazeres evanescentes quando compreendeu que todos os seres eram assolados pela decadência, velhice e morte inevitáveis. Ele renunciou a suas posses e relações a fim de procurar o caminho para a cessação do sofrimento universal. Depois de estudar e praticar austeridades sob a orientação de alguns ascetas brâmanes, ele abandonou a mortificação em favor do Caminho do Meio. Ele se estabeleceu debaixo da árvore Bodhi, determinado a não se levantar até que estivesse iluminado. Lá ele sentou, plenamente atento e perseverante, no centro da luta espiritual cósmica, meditando sem interrupção até que se tornou iluminado e compreendeu a natureza de si mesmo e de todas as outras coisas, e as causas de seu aparecimento e desaparecimento. O Buda exultou em uma canção de vitória:

> Buscando a construção da casa
> Eu percorri meu curso no vórtice
> De incontáveis nascimentos, nunca escapando do grilhão (da morte)
> Tudo é repetido nascimento após nascimento!
> Chefe da casa, tu és visto!
> Nunca mais me construirás uma casa
> Todo o teu material está inutilizado,
> O cume do telhado está despedaçado:
> Seus agregados morreram,
> A mente alcançou a destruição dos desejos.[21]

Por causa dos outros seres sofredores, ele então colocou em movimento a roda do *Dharma*, o ensinamento que conduz à iluminação; em Sarnath (próximo a Varanasi), deu seu primeiro sermão, no qual falou sobre as Quatro Nobres Verdades e ensinou a *senda* óctupla que conduz ao *nirvana* e à extinção da dor, *dukkha*. Embora existam muitos pontos de ênfase divergente entre as tradições hindu e budista, particularmente em seus desenvolvimentos posteriores, suas diferenças sobre doutrinas essenciais foram às vezes exageradas. Para o Buda, assim como nos *Upanishads*, "o Eu é o senhor do eu".[22] Ele aconselhou seus discípulos a se "refugiarem no Eu" como ele próprio tinha feito.[23] No Budismo, como no Hinduísmo, a ignorância é a raiz de todo mal e sofrimento. No Hinduísmo, a ignorância de quem nós somos; no Budismo, a de quem nós não somos. Em qualquer um dos casos, é somente pelo reto conhecimento que o homem pode ser liberto deste mal e alcançar o *nirvana*.[24]

A Libertação a Partir do Interior

Apesar das visões metafísicas amplamente divergentes sustentadas pelos vários eruditos e sábios, toda a tradição indiana concorda em uma coisa: a libertação está dentro de nós mesmos e consiste no atingimento do verdadeiro *status* do indivíduo. Crença e conduta, ritos e cerimônias, autoridades e dogma, possuem um lugar subordinado à arte da *autodescoberta* consciente. Conhecer o *Ātman* é a única meta. Este *Ātman* está além das palavras e além dos rituais. "Ao considerarem a religião como a execução de rituais e a prática de ações de caridade, os iludidos permanecem ignorantes do bem mais elevado", diz o *Mundaka Upanishad* (*op. cit.*, p. 60). Até mesmo a escritura cessa de ser imperativa quando o despertar ocorre. Esses rituais, escrituras e imagens podem todos ser proveitosos no desenvolvimento espiritual de uma pessoa, mas depois de certo estágio podem tornar-se impedimentos. Onde quer que tendam a obscurecer e substituir o real, os símbolos, por mais preciosos e queridos que sejam, devem ser descartados. Ramakrishna nos conta:

Depois da iniciação, o despido [Tota Puri, seu instrutor] pediu-me para retirar minha mente de todos os objetos e tornar-me absorvido na contemplação do *Ātman*. Mas assim que retirei minha mente do mundo externo, a forma familiar da Mãe bem-aventurada [Deusa Kali, de quem ele era um devoto] radiante e da essência da pura consciência, apareceu diante de mim como uma realidade viva, e eu disse para o despido: "É inútil. Eu não posso elevar minha mente para o estado incondicionado e alcançar o *Ātman*". Ele ficou exaltado e disse asperamente: "O que! Você diz que não pode fazê-lo! Não, você tem de fazê-lo!" Ao assim dizer, ele olhou à sua volta e, encontrando um pedaço de vidro quebrado, pegou-o. Pressionando a sua ponta entre as minhas sobrancelhas, disse: "Concentre a mente neste ponto". Então, com grande determinação, começei a meditar da forma aconselhada, e, quando desta vez também a forma abençoada da Mãe apareceu diante de mim, usei meu discernimento como uma espada e parti sua forma em duas. Então minha mente voou imediatamente para além de toda dualidade e ingressou em *nirvikalpa*, a consciência não-dual, unitária.[25]

Basicamente, a preocupação do indiano não é com algum dogma, igreja ou crença específica. Seu problema é o da consciência e da experiência transcendental. Os videntes experimentaram uma ordem de realidade que é mais básica e transformadora. Eles exortam cada um a descobrir esta realidade em si mesmo.

Um dos modernos sábios da Índia, Vivekananda, diz:

Não dependa de doutrinas, não dependa de dogmas ou seitas, ou de igrejas, ou de templos: eles significam pouco comparados à essência da existência no homem, que é divina; e quanto mais esta divindade for desenvolvida num homem, mais poderoso ele será para o bem. Mostrem por suas vidas que a religião não significa palavras, ou nomes, ou seitas, mas que ela significa realização espiritual.[26]

É um mandamento exigente; "não uma doutrina para o preguiçoso, mas para o homem que mostra esforço viril".[27] Ele não oferece paz e segurança; insiste na responsabilidade pessoal e na liberdade, tanto do mundo como de Deus. "Sêde um refúgio para vós mesmos. Não vos dirigi a nenhum refúgio externo",[28] disse o Buda.

4

A TRADIÇÃO JUDAICO-CRISTÃ

Ergo os olhos aos montes:
De onde virá meu socorro?
O meu socorro vem do Senhor,
Que fez o céu e a terra.

Não te deixará tropeçar,
O teu guarda jamais dormirá!
Sim, não dorme nem cochila
O guarda de Israel.

O Senhor é teu guarda, tua sombra,
O Senhor está à tua direita.
De dia o sol não te ferirá
Nem a lua de noite.

O Senhor te guarda de todo o mal,
Ele guarda a tua vida:
O Senhor guarda a tua partida e chegada,
Desde agora e para sempre.[1]

Este salmo canta de forma bela a fé e esperança judaico-cristã em um único Deus, que é todo poderoso, eternamente desperto e cheio de misericórdia. "Ouvi, ó Israel", diz o Shema judeu, "o Senhor nosso Deus, o Senhor é um só". Ele é Onipresente, Onipotente e Onisciente; a Ele pertencem todo poder e glória. Ele é compassivo e justo. "Quem quer que faça alguma coisa errada e dela se arrependa é perdoado imediatamente".[2] A idéia do perdão está também expressa na visão de que Deus possui dois tronos: um para a justiça e outro para a compaixão. Há com certeza justiça, e os transgressores serão punidos, mas Deus mostrará misericórdia para com o coração contrito.

Todas as religiões palestinas – Judaísmo, Cristianismo e Islamismo – aceitam a visão de que a primeira revelação fundamental de Deus ao homem foi Sua revelação da verdade do monoteísmo a Abraão. "Eu sou El Shaddai, anda na minha presença e sê perfeito. Eu instituo minha aliança entre mim e ti, e te multiplicarei extremamente . . . Eu sou o teu escudo, tua recompensa será muito grande".[3] Já em suas tratativas com Abraão, Deus revela-Se Aquele que produz o seu povo, e o conduz e o guia. Os profetas, de Moisés a Jeremias, reconheceram-no posteriormente desta forma. Aqui "nada temos a ver com a "projeção" da experiência profética posterior, mas sim com o seu simples primórdio. O produzir pertence à natureza deste Deus tanto quanto o [Seu] conduzir".[4]

Deus selou a aliança que Ele fez com o homem ao dar um novo nome, Abraão, a Abrão. O dar um novo nome na Bíblia sempre significa um evento momentoso e marca uma mudança radical no ser da pessoa que o recebe. Neste caso, foi uma marca de ter sido *escolhido* por Deus. O Deus que acompanha estes homens acompanha Seu povo eleito, que também elegeu a Ele. Ele separa este povo dos outros que não são eleitos, e o coloca em Sua presença, na medida em que prossegue com ele. Nas inumeráveis vicissitudes na história de Israel, "esta combinação, "correlação" de orientação e devoção, revelação e decisão, o amor de Deus pelo homem e o amor do homem por Deus, esta relação incondicional entre Ele e os homens permanece."[5]

Nosso Relacionamento com Deus

O relacionamento entre homem e Deus é aquele entre pessoa e Pessoa – é inteiramente pessoal. Não quer dizer que este relacionamento seja subjetivo, no sentido de ser arbitrário, fantasioso, egoísta ou idiossincrático. É um relacionamento objetivo entre a própria essência de uma pessoa, sua alma, e Deus, a suprema Pessoa. Este Deus está longe de ser um princípio impessoal; Ele é o Deus Vivo que entabula um diálogo com Seu povo eleito, que o protege e o guia pessoalmente, através de Seus profetas que falam com Sua autoridade, pois Ele se revelou a eles e lhes ordenou assim proceder.[6] Como o profeta Jeremias disse, "Então o Senhor estendeu a sua mão e tocou-me a boca. E o Senhor me disse: Eis que ponho as minhas palavras em tua boca."[7] Todos os profetas palestinos – de Abraão a Moisés e de Jesus a Maomé – falam com Sua autoridade e cumprem a Sua ordem, muitas vezes com relutância. O Terrível pega-os e lhes ordena partir em Seu nome e eles obedecem. Sua força jaz na submissão de suas vontades à Vontade de Deus que governa a história humana e nela intervém quando necessário. Iahweh disse a Moisés: "Agora, o clamor dos filhos de Israel chegou até mim, e também vejo a opressão com que os egípcios os estão oprimindo. Vai, pois, e eu te enviarei ao Faraó, para fazer sair do Egito o meu povo, os filhos de Israel. . . . Eu estarei contigo . . . Portanto, estenderei a mão e ferirei o Egito com todas as maravilhas que farei no meio dele."[8]

A Comunidade de Deus

O anjo do Senhor disse a Jacó: "Não te chamarás mais Jacó, mas Israel, porque foste forte contra Deus e contra os homens, e tu prevaleceste".[9] Inumeráveis vezes depois disso, Iahweh, descrito no *Êxodo* (3:14) como "Eu sou aquele que é" é chamado de o *Senhor, Deus de Israel.*[10] O nome *Israel* não mais se refere a um Patriarca mas a "Seu Povo". O Deus de *Israel* é o Deus de uma comunidade – o povo eleito. Até mesmo Jesus reconhece isto: "eu não fui enviado", disse Jesus, "senão para as ovelhas perdidas da casa de *Israel*".[11] Não é sabido se *Israel* foi originalmente o nome de um povo ou de uma santa aliança à qual as tribos estavam integradas pela liderança de Moisés. Em qualquer caso a eles foi dado o nome de *Israel*, cujo significado é ou "lutou com Deus", como fez Jacó, ou "Deus governa".

Qualquer que seja a origem histórica do nome da comunidade, torna-se claro a partir das escrituras que as revelações de Deus não foram um assunto privado entre Deus e um homem – incluindo Sua revelação como Jesus Cristo, conforme registrada no Novo Testamento. Deus não revelou a si mesmo para a salvação de uma alma individual, por mais exaltada que fosse, mas para tornar Sua vontade conhecida à comunidade inteira. O diálogo é sempre entre Deus e *Israel*, mesmo que, por necessidade, ele seja dirigido a um filho de *Israel* especialmente ungido. O mesmo é verdade no Cristianismo com relação à Igreja como o corpo místico de Cristo, no qual todos os membros estão integrados. Um ditado foi preservado no ramo russo da ortodoxia oriental: "Um homem pode ser condenado ao inferno sozinho, mas ele somente pode ser salvo com outros".[12]

O relacionamento entre o homem e Deus sofreu uma mudança muito significativa do Antigo para o Novo Testamento. Esta mudança, produzida pela influência do pensamento grego, é em direção a uma individualização da relação do homem com Deus. Esta individualização tem suas raízes na Literatura dos Salmos e da Sabedoria, e sobretudo em Jeremias; mas suas implicações plenas nunca foram percebidas até a época de São Paulo.[13] Muitos eruditos consideram ser esta mudança de importância tão fundamental que em sua visão ela conduz a um tipo radicalmente diferente de fé.[14] Significativas como possam ser essas diferenças, o fato é que na tradição judaico-cristã em geral há bastante ênfase na comunidade, quer um indivíduo encontre-se nascido na comunidade, como no Antigo Testamento, ou escolha pertencer a uma após a sua conversão, de modo que a comunidade inteira consista exclusivamente dos convertidos como no Cristianismo primitivo. Esta comunidade de adeptos a uma fé comum é sustentada pela injunção religiosa de amar nossos companheiros de fé.

Fé

Como foi dito, Aquele que escolhe o Seu povo é também escolhido por ele. Como os homens O escolhem? O que eles fazem em retribuição pela aliança de Deus com Seu povo escolhido, na qual Ele promete protegê-los e conduzi-los? A resposta inequívoca, dada por toda a tradição judaico-cristã, pode ser resumida em uma única palavra: *fé*. Fé é a adesão convicta à mensagem das revelações de Deus, quer seja o Torá, as alocuções proféticas ou o próprio Jesus Cristo. A fé é o doar-se de si mesmo para ser controlado e refeito por aquilo que exige confiança e devoção. A fé consiste na total entrega de si mesmo aos cuidados de Deus que "nem cochila nem dorme". A fé é uma abertura radical à plenitude do ser, personalizada de modo característico em Deus que diz "Eu sou aquele que é".[15] Na fé o homem compreende sua natureza de criatura e sua culpa, e entrega toda a sua "ostentação", todo o desejo de viver por seus próprios recursos. A fé é uma resposta incondicional à graça de Deus. É através da fé que o homem é salvo. "Pois tudo o que não procede da boa fé é pecado", diz São Paulo.[16] A característica distintiva das religiões bíblicas não é *conhecimento* mas fé.[17]

Acima de tudo, o homem-criatura deve compreender o seu nada comparado à majestade de Deus. Muito embora, de acordo com a narrativa bíblica, o homem tenha sido criado à imagem de Deus, ele logo foi expulso do Jardim do Éden por sua desobediência no ato de comer o fruto proibido da árvore do conhecimento. "Depois disse Iahweh Deus: "Se o homem já é como um de nós, versado no bem e no mal, que agora ele não estenda a mão e colha também da árvore da vida, e coma e viva para sempre!" E Iahweh Deus expulsou-o – do Jardim do Éden para cultivar o solo de onde fora tirado. Ele baniu o homem . . .".[18] O Deus do julgamento puniu, e puniria, todos aqueles que O desobedecessem. A desobediência é uma quebra da fé, pois o significado primeiro de fé, tanto no Antigo quanto no Novo Testamento, é *obediência*.[19] "Fim do discurso. Tudo foi ouvido. Teme a Deus e observa seus mandamentos, porque este é o dever de todo homem. Porque Deus julgará toda obra, até mesmo a que está escondida, para ver se é boa ou má."[20]

A Lacuna Intransponível

A lição é inculcada repetidas vezes no sentido de que o homem não pode e não deve questionar os caminhos e motivos de Deus. Vemos isto na história da Torre de Babel[21] e de novo na história de Jó. A lacuna intransponível entre o poder e a majestade de Deus por um lado, e a impotência do homem por outro, é notavelmente ressaltada no Livro de Jó (Capítulos 38-42): Deus desafia Jó a responder: "Onde estavas, quando lancei os fundamentos da Terra? Dize-mo, se é que sabes tanto. Consegues elevar a voz até as nuvens e a massa de água te obedece? O adversário de Shaddai cederá? O censor de Deus irá responder? Jó respondeu a Iahweh: Eis que falei levianamente: que poderei responder-te? ... Reconheço que tudo podes e que nenhum dos teus desígnios fica frustrado. Por isso, retrato-me e faço penitência no pó e na cinza".

O Antigo Testamento em particular afirma que o homem deve conhecer seu lugar adequado diante de Deus. "Eis que uma voz diz: "Clama", ao que pergunto: "Que hei de clamar?" – "Toda carne é erva e toda a sua graça como a flor do campo. Seca-se a erva, murcha-se a flor, mas a palavra do nosso Deus subsiste para sempre".[22] Como Kierkegaard diz: "O homem está sempre errado diante de Deus".[23] Um dos passos essenciais no caminho para a salvação é reconhecer este grande precipício existente entre um ser humano e a deidade e a ele submeter-se. O homem não pode aspirar tornar-se semelhante a Ele.[24] Na verdade, tentar isto é o maior de todos os pecados; esta é a própria essência do diabo. A isto Adão foi tentado fazer e foi punido. Isto é o que Lúcifer tentou, e foi expulso do céu. O homem não pode ser salvo por seus próprios esforços; a salvação vem de fora dele, pela graça de Deus, a quem, como diz São Paulo, se deve "orar sem cessar".[25] O homem deve temer o Deus da redenção, que é *totaliter alter*, o Totalmente Outro, em tudo perfeito e exterior, a única realidade.

> "Eu e o Pai somos um". Os judeus, outra vez, apanharam pedras para apedrejá-lo. Jesus, então, lhes disse: "Eu vos mostrei inúmeras boas obras, vindo do Pai. Por qual delas quereis lapidar-me?" Os judeus lhe responderam: "Não te lapidamos por causa de uma boa obra, mas por blasfêmia, porque, sendo apenas um homem, tu te fazes Deus".[26]

Apesar do ensinamento e do exemplo do próprio Jesus Cristo, como veremos mais tarde, muito poucos elementos, se é que houve alguns, daquela corrente de espiritualidade a qual almeja a união ou comunhão com Deus, floresceram na tradição bíblica, que insiste no abismo intransponível entre o homem, a criatura, e Deus, o criador. O misticismo de qualquer tipo tem sido suspeito, mas mais especialmente quando a ele é dada uma interpretação monística, isto é, quando a alma é dita tornar-se una com Deus. Isto é sobretudo verdadeiro em relação ao Judaísmo pré-cristão e à corrente principal do Protestantismo, os quais são não apenas não-místicos, mas definitivamente antimísticos.[27] O homem-criatura não deve jamais esquecer sua total dependência da graça de Deus, que vem de modo incondicional, quando assim desejar. Esta graça não é uma recompensa por qualquer coisa; ela não pode ser forçada ou conquistada por esforço algum, qualquer que seja. É uma bênção totalmente não merecida e à qual não se fez jus. "A suprema das tarefas humanas", escreveu Kierkegaard, "é um homem permitir-se ser completamente persuadido de que, por ele mesmo, nada pode fazer, absolutamente nada".[28]

A Esperança de Salvação

"A fé é uma posse antecipada do que se espera, um meio de demonstrar as realidades que não se vêem".[29] O que se espera é a redenção do pecado e da morte. Se temos fé no Senhor, Ele nos concederá a salvação eterna. "Deus é nosso refúgio e nossa força", como diz o salmista, "um socorro sempre alerta nos perigos".[30] "Só em Deus a minha alma repousa, Dele vem a minha salvação; só Ele é minha rocha, minha salvação, minha fortaleza, – jamais vacilarei!"[31] A esperança é uma nota dominante da Bíblia e uma integrante do triunvirato de graças de São Paulo.[32] No Judaísmo havia uma vívida esperança de que Deus libertaria a nação da escravidão e restauraria sua glória anterior. Esta esperança alimentava-se das predições de salvação nos profetas e mantinha-se nas orações e hinos como os Salmos. Sua expressão clássica é encontrada na literatura apocalíptica.[33] Em sua forma tradicional, a esperança de Israel era de caráter comunal. Com Jesus, entretanto, ela se tornou individual, baseando-se na pregação escatológica, tratando da redenção e da vida após a morte. Ele acreditava que uma nova ordem estava muito próxima e que o momento de decisão estava no presente. "Cumpriu-se o tempo e o Reino de Deus está próximo".[34]

Para muitos cristãos a experiência religiosa fundamental não é fé ou amor, mas esperança: esperança no Reino de Deus que virá no futuro ou no após a morte. Fé e esperança são as disposições daqueles que estão esperando a graça de Deus como uma possibilidade futura. Nesta forma, elas são atitudes distintamente judaico-cristãs. Visto que o homem nada pode fazer por si mesmo para salvar-se, ele põe sua fé na graça de Deus e espera pela salvação. Para isto ele tem a promessa do profeta de Deus: "Pedro, tomando então a palavra, disse: "Eis que nós deixamos tudo e te seguimos. O que é que vamos receber?" Disse-lhe Jesus: "Em verdade vos digo que, quando as coisas forem renovadas, e o Filho do Homem se assentar no seu trono de glória, também vós, que me seguistes, vos sentareis em doze tronos para julgar as doze tribos de Israel. E todo aquele que tiver deixado casas ou irmãos, ou irmãs, ou pai, ou mãe, ou filhos, ou terras, por causa do meu nome, receberá muito mais e herdará a vida eterna".[35]

Esperança é aquilo que dá ao homem força em sua fé; da mesma forma o medo da punição e da condenação eterna. *Esperança* e *medo* são correlatos metafísicos e psicológicos um do outro, como o são *fé* e *dúvida*. Um invoca o outro. Sempre se está com medo de que não se possa obter o esperado e de que não se possa escapar da "danação do inferno", à qual os descrentes estão condenados.[36] Assim como a esperança é sustentada por Deus e pelo céu, da mesma forma o diabo e o inferno emergem para manter o medo.

Não são apenas á fé e a esperança as atitudes religiosas distintamente judaico-cristãs; a dúvida e o medo também o são.

Amando os Nossos Próximos

A terceira graça no triunvirato de São Paulo é a *caridade*. "Agora, portanto, permanecem fé, esperança, caridade, estes três atributos. O maior deles, porém, é a caridade".[37] Lemos na Bíblia: "Meus irmãos, se alguém disser que tem fé, mas não tem obras, que lhe aproveitará isso? Acaso a fé poderá salvá-lo? . . . Queres, porém, ó homem insensato, a prova de que a fé sem as obras é vã?"[38] Enquanto isto é característico do Novo Testamento, buscar-se-ia em vão em toda a tradição indiana por uma passagem nas escrituras que sublinhasse a importância de atos caridosos, para o benefício dos necessitados e oprimidos, expressa tão vigorosamente como segue:

> Então dirá o rei aos que estiverem à sua direita: "Vinde, benditos de meu Pai, recebei por herança o Reino preparado para vós desde a fundação do mundo. Pois tive fome e me destes de comer. Tive sede e me destes de beber. Era forasteiro e me recolhestes. Estive nu e me vestistes, doente e me visitastes, preso e viestes me ver". Então os justos lhe responderão: "Senhor, quando foi que te vimos com fome e te alimentamos, com sede e te demos de beber? Quando foi que te vimos forasteiro e te recolhemos ou nu e te vestimos? Quando foi que te vimos doente ou preso e fomos te ver?" Ao que lhes responderá o rei: "Em verdade vos digo: cada vez que o fizestes a um desses meus irmãos mais pequeninos, a mim o fizestes".[39]

Os tradutores modernos da Bíblia traduzem acertadamente *agape*, a terceira e a mais elevada graça, como *amor* ao invés de *caridade*, uma palavra que para nós, modernos, veio a significar apenas atos benevolentes ou caridosos. Para São Paulo *agape* é obviamente algo muito maior, como todo o seu magnificente hino ao amor indica: "Ainda que eu distribuísse todos os meus bens aos famintos, ainda que entregasse o meu corpo às chamas, e não tivesse o amor *(agape)*, isso nada me adiantaria. ... O amor jamais passará. Quanto às profecias, desaparecerão. Quanto às línguas, cessarão. Quanto à ciência, também desaparecerá".[40]

Para começar, Deus ama o homem. Deus amou tanto o mundo que entregou o seu "Filho único".[41] Para livrar o gênero humano do pecado, o Filho de Deus, "que sempre tinha sido Deus por natureza, não se apegou à Sua prerrogativa como igual a Deus, mas despiu-se de todos os privilégios ao consentir ser um escravo por natureza e nascer como um homem mortal. E, tendo se tornado homem, ele humilhou a si mesmo ao viver uma vida de completa obediência, até mesmo ao extremo de morrer, e a morte que Ele sofreu foi a morte de um criminoso comum".[42] O Filho de Deus morreu para expressar o Seu amor, pois "ninguém tem maior amor do que aquele que dá a vida por seus amigos".[43]

Em troca, Deus exige o amor do homem por Ele e obediência às Suas leis. "Portanto, amarás o Senhor teu Deus com todo o teu coração, com toda a tua alma e com toda a tua força".[44] O amor de Deus, que Ele concede, e o amor do homem, que Ele espera, correspondem um ao outro. Algumas vezes começa de cima: "e sim por amor a vós e para manter a promessa que ele jurou aos vossos pais . . ."[45] Algumas vem de baixo: "E agora, Israel, que é que o Senhor teu Deus te pede? Apenas que temas ao Senhor teu Deus, andando em seus caminhos, e O ames, servindo-O . . ."[46] Tudo mais que Deus requer dos fiéis provém deste único motivo: porque eles O amam, aderem a Ele, seguem-No em Seus caminhos, atentam à Sua voz, guardam Seus mandamentos e O servem.[47] O Senhor Deus quer que Seu povo seja santo assim como Ele é santo, seja perfeito assim como Ele é perfeito, seja misericordioso assim como Ele é misericordioso.[48]

"Mestre, qual é o maior mandamento da Lei?" Jesus disse a ele: "Amarás ao Senhor teu Deus de todo o teu coração, de toda a tua alma e de todo o teu entendimento. Esse é o maior e o primeiro mandamento. O segundo é semelhante a esse: Amarás o teu próximo como a ti mesmo. Desses dois mandamentos dependem toda a Lei e os Profetas".[49] Em nenhum outro lugar nos escritos do gênero humano foi o amor ao nosso semelhante colocado tão inequivocamente no mesmo nível como o amor a Deus; este mandamento compreende todos os outros preceitos éticos. Não há mais qualquer necessidade de definições formuladas, pois todos nós sabemos como gostaríamos que os outros nos tratassem em uma situação similar.

Tampouco é essa ênfase no amor ao nosso próximo algo isolado na tradição judaico-cristã. Lemos em Levítico (19:18): "Amarás o teu próximo como a ti mesmo". Hillel, no fim do século I a.C., é dito ter sido o autor da síntese da *Regra de Ouro* do Torá: "O que é odioso para ti, não o faças a ninguém mais: esta é toda a lei e o resto é comentário". Rabbi Akiba, um século mais tarde, resumiu toda a lei no ditado: "Ama o teu próximo como a ti mesmo". Ouvimos o ditado de São Paulo: "Pois toda a Lei está contida em uma só palavra: Amarás a teu próximo como a ti mesmo".[50] Este mandamento é tão fortemente afirmado que muitas vezes começa a parecer ser ele o centro de toda a tradição – até mesmo prenunciando o mandamento anterior, no qual o homem é solicitado a amar a Deus.

O Amor a Deus

Em última análise, entretanto, é para Deus que devemos retornar, pois não há salvação aqui embaixo, nenhuma salvação em parte alguma ou de modo algum exceto através Dele. Enquanto vivemos no nível de nossa natureza inferior, as paixões pecaminosas operam em nossos corpos, produzindo frutos para a morte. Somente se nos *arrependermos* e voltarmo-nos para Deus é que nossos pecados poderão ser eliminados.[51] A palavra grega traduzida como *arrependimento* no Novo Testamento é *metanoia*; ela significa literalmente *mudança de mente*. Somente se mudarmos nossa mente e nosso coração e reorientarmo-nos de acordo com a nossa natureza espiritual é que podemos esperar pela redenção do pecado, do sofrimento e da morte. "Em verdade vos digo que, se não vos converterdes e não vos tornardes como as crianças, de modo algum entrareis no Reino dos Céus".[52] Enquanto estivermos sozinhos, dependendo de nossos próprios recursos, "inchados de vão orgulho em suas mentes carnais", como diz São Paulo, estaremos nas mãos do maligno.[53] Dele podemos ser libertos apenas se colocarmos nossa fé e confiança em Deus, o Santo de Israel. "Sabemos que, enquanto habitamos neste corpo, estamos fora da nossa mansão, longe do Senhor", e, a menos que mudemos o nosso coração e nos arrependamos, nós pereceremos.[54] Mas a graça de Deus é derramada sobre nós quando sinceramente O buscamos.

> Aprendei dos lírios do campo, como crescem, e não trabalham e nem fiam. E, no entanto, eu vos asseguro que nem Salomão, em toda sua glória, se vestiu como um deles. Ora, se Deus veste assim a erva do campo, que existe hoje e amanhã será lançada ao forno, não fará ele muito mais por vós, homens fracos na fé? Por isso, não andeis preocupados, dizendo: Que iremos comer? Ou, que iremos beber? Ou, que iremos vestir? . . . o vosso Pai celeste sabe que tendes necessidade de todas essas coisas. Buscai, em primeiro lugar, o Reino de Deus e a sua justiça, e todas essas coisas vos serão acrescentadas.[55]

5

A SEPARAÇÃO DOS CAMINHOS

Tanto a tradição judaico-cristã como a tradição indiana partem do fato de que o homem, tal como ele é, é um ser muito limitado, fragmentado e incompleto. O percebimento deste fato marca o começo da vida religiosa. O grau de intensidade com o qual ele nos domina determina o grau de nosso sentimento de alienação em relação à humanidade comum ao nosso redor e dentro de nós – com sua preocupação inútil com a aquisição e a representação. Esta alienação – este sentimento de ser um "estranho"[1] – é o que delineia o problema espiritual: um viver autêntico em face dessa alienação, um despertar de entre os mortos, um vir-a-ser. Nisto jaz a busca de significado e propósito na vida humana. Da alienação ao significado – este é o começo do movimento que leva do pecado à salvação, da escravidão à liberdade.

A limitação humana fundamental é a do tempo. Haverá um tempo em que nós não mais existiremos. Filhos de Cronos, seremos devorados por ele. O percebimento dessa dissolução do eu é a fonte de toda ansiedade metafísica.

> O animal que morre desconhece
> Do medo e da esperança
> O homem seu fim tece
> De tudo amedrontado e esperançado, com certeza.

W. B. Yeats

O fato inevitável e irredutível da morte imprimiu-se sobre nós com grande força desde os tempos primordiais. Para alguns, como Platão, a vida filosófica como um todo é uma vida de constante preparação para a morte. A arbitrariedade da ocasião em que poderemos ser golpeados pela morte aumenta a pungência da situação. Somos como um prisioneiro condenado à morte, exceto que ele não sabe que hora assinalará sua execução. "Para que serve a vida? Para morrer? Para me matar agora mesmo? Não, eu tenho medo. Esperar pela morte até que ela venha? Temo isso ainda mais. Então devo viver. Mas para quê? A fim de morrer? E eu não podia escapar desse círculo".[2]

Ninguém pode escapar desse círculo – exceto alguém que olhe tanto para a vida como para a morte da mesma forma, a partir de uma consciência superior. Em nosso nível ordinário de consciência, em nossa situação habitual de sono, o que chamamos de *vida* e o que chamamos de *morte* são opostos um ao outro; fugimos de uma e buscamos a outra. Apegamo-nos à vida, ocupando-nos com coisas importantes, esperando com isso negar a nossa mortalidade. O que mais espanta, de acordo com o *Mahabharata*, é que mesmo quando vemos pessoas à nossa volta morrendo, ninguém está realmente convencido de que ele próprio morrerá.

Estar cônscio da condição humana é estar cônscio das limitações do homem; é ver a si mesmo como um animal agonizante. Esta é a fonte da *Angst* (angústia; em alemão: medo, N.T.) existencial. Como Sartre diz, "o homem é angústia", e Yeats escreve, "Nós não começamos a viver até que concebamos a vida como uma tragédia". Santo Agostinho fala da "incessante inquietação que marca a vida temporal do indivíduo".[3] *Angst* é o sentimento arrasador de que, de algum modo, algo está radicalmente errado na relação do homem com o cosmos. É isto que o cristão denota quando diz que o homem é pecador: "o mundo inteiro está sob o poder da maldade".[4]

Para o Buda, a primeira das Quatro Nobres Verdades era: há dor (*dukkha*, sofrimento). Todo o pensamento da Índia está tão completamente impregnado deste fato da escravidão humana – conectado de forma indissociável ao próprio fato de nascermos – que toda a cultura parece estar obsecada por uma angústia existencial.[5] Esta obsessão da Índia é igualada pela obsessão da tradição judaico-cristã com o nada do homem. Do ponto de vista do indivíduo, entretanto, ambas se referem à mesma coisa – o homem encontra-se incompleto em um mundo fragmentado, no qual está preso. Que isto seja expresso de forma diferente nas duas tradições é muito significativo e possui conseqüências de longo alcance.

A Saída

Em face à angústia inerente à condição humana, nós nos defrontamos com um desejo irresistível de salvação do pecado, de libertação da dor, de libertação da escravidão. São Paulo diz: "Infeliz de mim! Quem me libertará deste corpo de morte?"[6] O indivíduo sofredor grita nas palavras do *Upanishad*:

> Levai-me do irreal para o real.
> Levai-me da escuridão para a luz.
> Levai-me da morte para a imortalidade.[7]

Quando Siddhartha, o jovem Buda, viu três cenas – um velho, um doente e um morto – ele ficou tão impressionado com a presença do sofrimento na vida humana que seu desejo de descobrir a causa e a cessação do sofrimento fez com que ele renunciasse ao mundo – sua esposa, filho, palácio, reino – a fim de buscar a iluminação.

A possibilidade de mover-se da escuridão mundana para a luz espiritual é essencial à religião. E este movimento constitui sua essência total. Para uma vida espiritual, rituais, imagens, ídolos, igrejas, escrituras e idéias acerca de Deus podem todos ser irrelevantes; podem ou não auxiliar. Parece que em algum estágio em sua evolução espiritual, o indivíduo que desperta precisa ir além de todos esses símbolos, dogmas e palavras, mesmo se isto implicar a ira da autoridade eclesiástica estabelecida. É por isso que muitas pessoas intensamente espirituais não foram toleradas pelas religiões organizadas.

É claro que é possível negar a existência de uma saída para o sofrimento do homem. Este, na verdade, é o sentimento prevalecente na filosofia contemporânea do continente europeu. Sartre resumiu esta atitude ao dizer "*L'homme est une passion inutile* (o homem é uma paixão fútil)".[8] Nem a tradição judaico-cristã nem a tradição indiana subscrevem esta posição, pois acreditam que há uma salvação para o homem. Mas como esta salvação pode ser alcançada e em que consiste são meios geralmente expressos de formas diferentes. Contudo, ambas concordam não apenas que o homem, por sua própria existência, é pecador ou está em estado de escravidão, mas também que este estado de coisas surge porque o homem atribui ao seu pequeno eu, seu ego, uma importância indevida, sem a consideração de seu lugar na totalidade cósmica.

> Alguns estudantes de Zen
> Não percebem o verdadeiro homem em uma máscara.
> Porque eles reconhecem a alma-ego!
> A alma-ego é a semente do nascimento e da morte,
> E os tolos a chamam de o verdadeiro homem.[9]

Por que o homem faz isto? Os judeus e os cristãos respondem que é porque ele está destituído da graça devido ao Pecado Original.[10] O indiano diria que é por causa da ignorância. Mas a tarefa para ambos é a mesma: libertar o homem dos grilhões de seu pequeno ego de modo que ele possa nascer novamente no Espírito. Ambos vêem o homem nesta vida como um "estranho e um peregrino", como um "hóspede temporário", como um "caminhante", que "não tem aqui cidade permanente, mas está à procura da cidade que está para vir . . . que tem fundamentos, cujo arquiteto e construtor é o próprio Deus".[11] O homem é um peregrino entre a sua existência comum e a sua verdadeira existência, o seu ser autêntico. O seu ego, sua pequena vontade, é um obstáculo.

> Eu vim sozinho em meu caminho para o meu encontro.
> Mas quem é este que me segue na escuridão silenciosa?
> Eu me desvio para evitar sua presença
> Mas não consigo dele escapar.
> Ele faz a poeira levantar-se da terra com sua arrogância;
> Ele acrescenta sua voz alta a cada palavra que pronuncio.

> Ele é o meu próprio pequeno eu, meu senhor.
> Ele não tem vergonha; mas estou envergonhado de vir à tua porta em sua companhia.[12]
>
> Rabindranath Tagore

A tradição judaico-cristã ensina que a saída deste dilema é pela fé, pois, como diz São Paulo, tudo o que "não procede da fé é pecado".[13] Na fé o homem percebe sua natureza de criatura e sua culpa, a impotência de sua vontade e seu nada. Esta fé não é em qualquer objeto ou princípio, mas na Pessoa Viva, em Deus, que responde, ou melhor, que chama para que o homem responda. A este Santo, repleto de misericórdia, entregamos a nós mesmos. "Não o que eu quero, mas o que tu queres".[14]

> Dois homens subiram ao Templo para orar; um era fariseu e o outro publicano. O fariseu, de pé, orava interiormente deste modo: "Ó Deus, eu te dou graças porque não sou como o resto dos homens, ladrões, injustos, adúlteros, nem como este publicano; jejuo duas vezes por semana, pago o dízimo de todos os meus rendimentos. O publicano, mantendo-se à distância, não ousava sequer levantar os olhos para o céu, mas batia no peito dizendo: "Meu Deus, tem piedade de mim, pecador!" Eu vos digo que este último desceu para casa justificado, o outro não. Pois todo o que se exalta será humilhado, e quem se humilha será exaltado.[15]

O grande místico alemão, Boehme, disse: "Não farás nada senão abandonar tua própria vontade, isto é, aquilo que chamas de "eu" ou "Tu mesmo". Com o que todas as tuas más propriedades se enfraquecerão, definharão e estarão prontas a morrer; então mergulharás novamente naquela única coisa da qual originalmente surgiste."[16]

De acordo com a tradição indiana, entretanto, a saída para o sofrimento do homem é sobrepujar a ignorância que é a causa do sofrimento. A liberdade é obtida através do conhecimento de nosso autêntico eu, nosso verdadeiro ser, nosso *Ātman*, a Pessoa por detrás da máscara do ego e da personalidade. Torne-se o que você realmente é, pois, em última análise, você é *Brahman*; é somente quando enganado pela ignorância que você se sente dividido e aflito. O Buda disse: "Olhe para dentro, tu és o Buda".[17] Com esta descoberta, o poeta-místico expressa-se com alegria:

> Descobri meu ser, tranqüilo e profundo;
> Ocultado pela mente, imenso e sereno,
> Com os olhos do Imortal ele vê o mundo,
> Expectador divino do cenário humano.[18]
>
> Aurobindo

A liberdade não tem sua morada em algum lugar ou céu especial onde chegamos depois de mortos. "A liberdade não está em algum lugar particular, nem se tem de ir a algum outro lugarejo a fim de obtê-la", diz uma escritura. "A destruição do nó da ignorância ao redor de nossos corações é conhecida como liberdade".[19] Deve-se buscar a libertação enquanto se está vivo, neste próprio corpo, e não meramemnte esperar por ela após a morte.

> Se seus grilhões não forem quebrados enquanto ainda estiver vivo, que esperança de libertação há na morte?
> É apenas um sonho vazio,
> o de que a alma alcançará união com Ele
> porque ela livrou-se do corpo:
> Se Ele for encontrado agora, Ele será encontrado depois,
> Se não for, apenas iremos habitar na Cidade da Morte.[20]

Eu Sou *Brahman*

O conhecimento libertador, como compreendido na tradição espiritual da Índia, não significa conhecimento sensual ou racional. "Não é o conhecimento dos sentidos, nem é o conhecimento relativo, e nem o conhecimento inferido. Além dos sentidos, além da compreensão, além de toda expressão, está *turiya* (o quarto estado de consciência)".[21] Os *Upanishads* fazem distinção entre conhecimento inferior e conhecimento superior. O primeiro nos dá o conhecimento das escrituras e da ciência, enquanto que o último é "aquilo através do qual se conhece a realidade imutável".[22] De acordo com o *Katha Upanishad*, o Eu é percebido não pela razão lógica, mas pela contemplação espiritual. O Buda disse: "No exercício da meditação desenvolve-se a sabedoria, no cultivo das paixões desenvolve-se a ignorância. Conhecendo esses dois caminhos de ganho e perda, escolha aquele em que se desenvolve a sabedoria".[23]

Obviamente esta *senda* de contemplação não é nem possível nem adequada para todos. O gênero humano consiste em uma variedade de temperamentos; é muito natural que pessoas diferentes devam escolher *sendas* diferentes. Uma vez que os homens são diferentes, suas necessidades, desejos, perguntas e capacidades diferem. Na tradição indiana, há quatro *yogas* principais, *sendas* para a união com *Brahman*; cada pessoa escolhe uma combinação dessas quatro que seja adequada para si mesma. As quatro *sendas* são: a *senda* do conhecimento *(jnana yoga)*, a *senda* através da meditação e do controle psíquico *(dhyana yoga)*, a *senda* do amor e da devoção *(bhakti yoga)* e a *senda* da união através das obras *(karma yoga)*. Naturalmente estas *sendas* não são exclusivas umas das outras: a ênfase em uma delas em determinada época por uma pessoa em particular depende de seu nível de desenvolvimento e necessidade específica. No nível da manifestação, existe um grande relativismo na Índia: literalmente milhares de deuses, símbolos, idéias, ídolos e imagens estão disponíveis. Pode-se começar com qualquer um deles que corresponda a nossa necessidade e tipo específico. A questão não é se quaisquer idéias ou deuses particulares são verdadeiros ou falsos, já que o conhecimento, e portanto a verdade ou falsidade, depende do nível e estado de nossa consciência. Ao invés disso, a questão é se essas idéias, deuses ou práticas são adequadas (ou inadequadas) para a pessoa envolvida e para a finalidade que ela tem em mente. À medida que uma pessoa muda, do que ela necessita e acha adequado também muda. A finalidade última na Índia é o estado de integração, *samadhi*, o mais elevado estado de consciência, somente no qual o *Ātman* é percebido. Elaborado ritual e adoração externos foram desenvolvidos pelas religiões na Índia, em especial por aquelas que acreditam predominantemente na *bhakti yoga* (como os devotos de *Vishnu*, ou *Shiva* ou *Devi*, a deusa mãe). Mas toda a religião indiana concebe *Brahman* como o âmago mais íntimo de um indivíduo.[24]

Isto, como já vimos, é central para a tradição indiana: a liberdade está dentro de nós e consiste em nos tornarmos no que de fato somos. Há uma total interioridade na meta apresentada ao homem. A Pessoa que devemos buscar, e por cujo conhecimento unicamente o nó da ignorância é destruído, está dentro de nós. Isto é muito diferente da corrente principal da tradição judaico-cristã na qual a Pessoa pela qual se espera, Deus, está fora de nós. A redenção somente pode vir de fora e não de dentro, por mais profundamente que mergulhemos em nós mesmos. Na verdade, o maior de todos os pecados é acreditar que o homem por si mesmo possa fazer qualquer coisa, o que dirá salvar a si mesmo. Somente Deus pode salvar o homem, e ao tentar ser seu próprio salvador, o homem está repetindo a Queda. Este é o mais grave de todos os pecados.

Em contraste à insistência judaico-cristã no nada do homem há a insistência indiana no tudo do homem. Esta diferença central pode ser trazida a um foco mais nítido ao se considerar a estrita posição não-dualista da *Advaita Vedanta*, que possui expoentes desde os sábios dos *Upanishads* até Ramana Maharishi em nossa própria época. De acordo com esta perspectiva, no mais elevado estado de *samadhi*, conhecedor e conhecido se tornam unos, objeto e sujeito perdem sua distinção, e o *yogue* exclama: "Eu sou *Brahman* ... eu não necessito qualquer condição ou prova especial para saber que meu nome é *Devdatta*. De forma similar, para um conhecedor de *Brahman*, o conhecimento de que eu sou *Brahman* não requer qualquer prova".[25] Esta expressão de não-dualismo é natural e filosoficamente discutível. Na Índia, o famoso santo Ramanuja a combateu com vigor. A disputa está centrada na natureza precisa da relação entre o eu mais íntimo do homem, *Ātman*, e o Eu Universal, *Brahman*. Qualquer que seja a verdade – se é que a verdade dessas profundezas pode ser expressa através da linguagem – para a tradição indiana voltada ao interior, a expressão "eu sou *Brahman*" é uma das quatro *grandes afirmações* dos sábios que representam a quintessência de toda a cultura.[26] De acordo com uma corrente muito importante da espiritualidade indiana, conhecer *Brahman* é tornar-se *Brahman*, e a libertação consiste em tornar-se uno com *Brahman*.[27]

Tais ensinamentos não são desconhecidos no Ocidente. Por exemplo, Plotino afirma que *conhecer* o Uno, por um tipo de percepção supra-racional, significa tornar-se uno com ele, o que a alma pode realizar ao tornar-se tão simples ou *solitária* quanto o Uno. No momento desta união, a alma torna-se Deus, ou melhor, é Deus.[28] No entanto, para os judeus esta afirmação de unidade com Deus era a mais elevada das blasfêmias e a sua principal acusação contra Jesus Cristo. A reação cristã a este monismo é iluminativa: "O místico que triunfalmente percebe sua unidade essencial com Deus, ou com a Ordem do Mundo, ou com o Divino, conhecendo a si mesmo em serena equanimidade como o supremo mestre do universo e de seu próprio destino, e que por feitos maravilhosos de autocontrole moral oferece um fascinante exemplo de esplêndida humanidade, não obstante, à luz da revelação bíblica, comete deste modo sublime o pecado-raiz do gênero humano – "ser como Deus". Em outras palavras: *ele repete a Queda*. Na Índia, por exemplo, a parte da realidade e verdade divinas que, devido à iniciativa do Deus auto-revelador, conseguiu brilhar para o homem, está toda . . . inevitavelmente viciada por esta tendência monística, que é considerada como o orgulho, e não como o reconhecido obstáculo, da Índia".[29]

Misticismo no Ocidente

Meister Echkart (1260-1328 d.C.), o grande místico dominicano alemão, entre todos os cristãos é considerado o mais próximo dos místicos monásticos da *Vedanta*. Ele diz, por exemplo, "o conhecedor e o conhecido são unos. As pessoas simples imaginam que devam ver Deus como se Ele estivesse lá e elas aqui. Isto não é assim. Deus e eu somos unos no conhecimento".[30] Em seu estudo clássico de Eckhart e do grande filósofo da *Vedanta*, Shankara, Rudolph Otto escreve: "Ter, ou melhor, ser o uno, indiviso, eterno, imperecível *Brahman*, que é totalmente Ser, totalmente Espírito, profunda Alegria, somente isto, e isto completamente – esta é também a sede e o orgulho do indiano que busca a salvação. Não pode haver dúvida de que este é também o seu significado para Eckhart e que ele difere fundamental e essencialmente da concepção cristã mais simples de salvação, para a qual ele deve sempre parecer uma extravagância, um orgulho titânico, e uma impossível transgressão das limitações da criatura – um "impulso faustiano", como dizemos hoje".[31]

A experiência mística monista, na qual há uma completa identidade entre a parte mais profunda da alma e Deus, embora não específica da Índia, não foi encorajada ou mesmo tolerada na tradição judaico-cristã ou no Islã. É difícil pensar até mesmo num único exemplo em toda a história das religiões bíblicas no qual um místico monista foi aceito sem restrição. Apesar de alguns provérbios obviamente místicos de Jesus, tal como sua oração "... a fim de que todos sejam um. Como tu, Pai, estás em mim e eu em ti, que eles estejam em nós"[32], um tal monismo tem sido muito severamente repelido no Cristianismo. Aqueles que acreditavam em tais doutrinas eram logo expulsos como hereges e tinham seus escritos destruídos. Erigena foi condenado por sua doutrina de misticismo panteísta; assim também o foram os Irmãos do Espírito Livre que desenvolveram o credo de que "o cristão deve buscar tornar-se como Deus. Se o homem volta-se das coisas externas para as coisas internas, deixa Deus ser Deus, então ele se parecerá com Deus, será Deus e não mais precisará de Deus". As obras de Eckhart foram condenadas pela Igreja e ainda estão sob proscrição; o estigma de heresia é vinculado a ele até mesmo hoje.[33]

O misticismo de qualquer tipo é essencialmente o produto de uma atitude contemplativa voltada para dentro, e, no geral, ele tem estado ausente na tendência dominante da tradição judaico-cristã, ao passo que na Índia é aceito como a derradeira coroa de glória dos esforços espirituais de um homem. Às vezes uma distinção é feita entre misticismo monista e monoteísta, com a intenção de estabelecer a superioridade de um ou de outro.[34] Exemplos de ambos os tipos ocorrem em abundância na Índia, enquanto que nas religiões bíblicas, sempre que o misticismo sequer chega a afirmar-se – como em alguns místicos cristãos medievais, e o sufismo no Islã – ele é com freqüência do tipo monoteísta, no qual o Deus Único permanece basicamente sobre e acima até mesmo da parte mais profunda da alma humana. É duvidoso que estes dois tipos de experiências sejam essencialmente diferentes um do outro – exceto nas interpretações lingüístico-teológicas colocadas sobre eles, quer seja pelos próprios místicos ou por outros.[35] De qualquer forma, tanto o Judaísmo quanto o Cristianismo, em particular o Protestantismo, olham para o misticismo de qualquer tipo com suspeita. Alguns autores chegaram ao ponto de sugerir que o misticismo pode ser um dos mais sutis inimigos do Cristianismo.[36] Talvez a razão principal para a relativa falta de misticismo na tradição bíblica seja a crença na santidade e majestade transcendentes de Deus e do nada do homem face a Ele. Ao contrário, o misticismo não pode ser muito aceitável nas doutrinas firmemente baseadas em alguns raros eventos passados- como é o caso de todas as três religiões bíblicas – Judaísmo, Cristianismo e Islamismo – pois, acima de tudo, um místico acredita na salvação através da presente vida do espírito no homem e em uma recorrência interna dos feitos redentores passados. Para ele é o presente sofrimento do Cristo interno que traz a salvação, ao invés da morte do Jesus histórico.

Profetismo

A experiência espiritual característica nas religiões bíblicas não é misticismo, mas profetismo.[37] A Índia não tem profetas como Moisés, Isaías, Jeremias, Jesus ou Maomé – aqueles que são escolhidos por Deus para falar em Seu nome e fazer a Sua vontade. Todos os profetas são ordenados por Deus a revelarem a Sua mensagem a toda comunidade de crentes ou a todo Israel. A revelação de Deus não é por causa de um indivíduo. Em geral, as afirmações proféticas dizem respeito às falhas morais e sociais da comunidade, que deve arrepender-se, corrigir-se e agir de acordo com a vontade e os mandamentos expressos de Deus, caso contrário, a comunidade será punida por Deus, como também cada pessoa individualmente, quer seja de imediato ou pela condenação ao inferno após a morte. Os sábios da Índia – desde os tempos mais antigos até a idade contemporânea – exalam um sentimento bastante diferente. Quer se olhe para os sábios antigos (como Yajnavalkya, Vyasa, Kapila, Patanjali ou o Buda) ou para os modernos (como Ramakrishna, Raman, Aurobindo e Krishnamurti) encontra-se uma qualidade muito diferente de energia. Os sábios indianos expressam uma qualidade mais refinada e mais sutil de sentimento, não a energia vigorosa e robusta dos profetas bíblicos. A ênfase profética parece ser sempre na ação e na obediência à vontade de Deus em lugar do aprofundamento da percepção; na reforma, em lugar da compreensão. Os sábios indianos, por outro lado, enfatizam a visão interior e a sabedoria transcendente, das quais se obtem naturalmente a reta ação, como a fragrância de uma flor.

É digno de nota que o caso de Jesus Cristo seja algo único sob este aspecto, compartilhando pronunciadas características de ambos os tipos – profético e místico. Devemos levar em consideração o contexto helenizado da comunidade judaica na época de Jesus Cristo, o fato de que os Evangelhos foram escritos em grego e não em hebraico e as profundas similaridades entre algumas escolas do pensamento indiano e da filosofia grega. Também, a possibilidade de influências bramânicas e budistas em alguns pensadores gregos, particularmente nos gnósticos e neoplatônicos, não pode de modo algum ser afastada. É interessante que precisamente naqueles Evangelhos que foram influenciados por estas últimas correntes de pensamento – tais como o Evangelho segundo São João e o Evangelho segundo São Tomé – encontram-se os mais místicos provérbios de Jesus Cristo, que surge como uma combinação de um místico-sábio dos *Upanishads* e uma encarnação *(avatara)* de *Vishnu* que desce por causa do mundo sempre que houver necessidade.

Avatares

Esses *avatares* descem do alto em forma animal, humana ou híbrida, o que quer que seja necessário. Nove de tais encarnações de *Vishnu*, o aspecto preservador do Divino, são supostas como já tendo ocorrido durante o presente ciclo do Universo, um Dia de *Brahma*, que durará 4.320.000.000 anos humanos. Supremo entre essas encarnações foi Krishna, que transmitiu a mensagem do *Bhagavad Gita*. Lá ele declarou: "Sempre que o mundo declina em virtude e justiça *(dharma)*; sempre que imperam o vício e a injustiça, venho Eu, o Senhor, e apareço no meu mundo em forma visível . . . A minha influência e doutrina destroem o mal e a injustiça e restabelecem a virtude e a justiça. Muitas vezes já apareci assim, e muitas vezes aparecerei ainda".[38]

O mal como tal nunca é completamente destruído por *Vishnu*, pois isto eliminaria o equilíbrio entre as energias divinas e demoníacas, produtivas e destrutivas. Para a continuação e manutenção do mundo, tanto o "bem" quanto o "mal" são necessários; os *avatares* apenas restauram o seu equilíbrio.

Este princípio está ilustrado nos mitos. Por exemplo, a poderosa serpente Kaliya alojou-se no rio Yamuna, espalhando assim o seu veneno e causando tremendo sofrimento e morte aos seres humanos e animais da região. Finalmente, vendo a agonia de todos os seres, Krishna pulou no rio a fim de subjugar Kaliya. Após uma grande luta, a serpente de milhares de cabeças foi sobrepujada e Krishna estava dançando sobre ela a fim de matá-la. Os consortes de Kaliya, isto é, os seus muitos poderes, emergiram do rio para implorar a Krishna que poupasse a vida da serpente, pois afinal de contas ela estava apenas cumprindo o seu *dharma* de serpente, sua própria função e vocação, ao espalhar o veneno. Até mesmo a serpente foi criada pelo mesmo poder divino que criou os outros animais, cada um com o seu *dharma* específico. Krishna, como o defensor do *dharma*, em todos os níveis, aceitou seu apelo. Ele sugeriu, entretanto, que Kaliya estava executando seu *dharma* no lugar errado, e a baniu para o oceano onde o seu veneno poderia ser contido.[39]

Inevitavelmente, contudo, as forças da ordem e as da desordem afastar-se-ão da proporção adequada, e mais uma vez *Vishnu* encarnará. Assim essa brincadeira do Senhor, este cosmos, continuará para sempre a passar por sucessivos ciclos de criação e destruição. "A vida no ciclo dos incontáveis renascimentos é como uma visão em um sonho. Os deuses no alto, as árvores mudas e as pedras, são como aparições nesta fantasia. Mas a Morte administra a lei do tempo. Ordenada pelo tempo, a Morte é o mestre de todos. Perecíveis como bolhas são o bem e o mal dos seres do sonho. Em ciclos intermináveis o bem e o mal se alternam. Por isso os sábios não são apegados a qualquer um deles, nem ao mal, nem ao bem. Os sábios não são apegados a coisa alguma em absoluto.''[40]

De acordo com esta natureza cíclica do tempo, infinitos *avatares* aparecerão no infinito número de Universos. Assim Krishna torna-se uma figura mítica, não apenas conectado a algum fato particular ou a um tempo cronológico específico.[41] Ele não vem para anunciar uma idade de ouro que durará para sempre. O ciclo serpentino do tempo continuará revolvendo-se eternamente através de períodos ascendentes e descendentes, sem pausa e sem misericórdia. A dança cósmica de Shiva continuará, os diferentes passos marcando a criação e a destruição dos mundos. Isto está em pronunciado contraste com a avaliação teleológica judaico-cristã do tempo, de acordo com a qual o mundo está progredindo rumo à perfeição sob a direção de Deus. O bem conhecido hino caracteriza-a sucintamente: ``Deus está realizando o seu propósito, à medida que um ano sucede o outro''.

História e Progresso

Iahweh fez seu convênio com Abraão em uma época histórica particular, e as esperanças dos judeus estavam inseparavelmente ligadas ao cumprimento desse convênio no futuro. A filosofia hebraica da história compreende todo o curso do tempo, desde o próprio momento da criação do mundo até o seu final apocalíptico, e todo o amplo panorama de eventos é visto como a gradual expansão do propósito de Deus, a saber, o triunfo final de Seu povo eleito, Israel.[42] Talvez o mais importante legado particular transmitido pelo Judaísmo ao Cristianismo foi esta convicção de que o curso dos eventos históricos possui uma profunda significação. Isto sem dúvida tem sido de imensa importância no desenvolvimento das ciências mundanas e das instituições sociais nos países cristãos. O tempo aqui é visto de forma completamente linear; os eventos temporais movem-se em uma progressão linear rumo à sua conclusão na eternidade. Nas palavras de Tennyson encontramos uma expressão clássica desta visão:

> Um Deus, uma lei, um elemento
> E um distante divino acontecimento,
> Para o qual toda criação se move.[43]

Os eventos-chave na história do mundo, os principais momentos cósmicos, são únicos na visão judaico-cristã do tempo. O mundo foi criado em um momento específico; Jesus nasceu, foi crucificado e ressuscitou em momentos históricos específicos – únicos e momentosos. A singularidade destes eventos, particularmente da Encarnação, necessitava de uma crença de que a história é uma seqüência em linha reta guiada por Deus.[44] A crença pagã na ondulação temporal despropositada era inteiramente inaceitável aos cristãos primitivos. A idéia dos ciclos cósmicos repetitivos era a pior das blasfêmias. Orígenes argüia no terceiro século que de uma tal teoria segue-se que "Adão e Eva farão mais uma vez o que eles já fizeram; o mesmo dilúvio se repetirá; o mesmo Moisés levará as mesmas seiscentas mil pessoas para fora do Egito; Judas novamente trairá seu Senhor e Paulo segurará pela segunda vez os mantos daqueles que apedrejaram Estevão". "Que Deus proíba", bradou Santo Agostinho no século seguinte, "que acreditemos nisso, pois Cristo morreu uma vez por nossos pecados, e ressuscitando novamente não mais morre".[45] Assim, com o surgimento do Cristianismo, as doutrinas predominantes de ondulação e ciclos recorrentes desapareceram do mundo mediterrâneo. Nenhuma revolução mais radical jamais ocorreu na visão de mundo em uma ampla área. Junto com a singularidade dos eventos-chave e a linearidade do tempo, a visão de mundo judaico-cristã está permeada com o pensamento de que a história está indo para algum lugar. Não há antagonismo aqui entre tempo e Deus. Deus governa a história e executa o Seu plano no tempo. Tanto na história da Igreja como na vida de um indivíduo, o propósito divino está ainda sendo realizado. Por fim, este propósito divino alcançaria sua culminância, e Cristo retornaria, os mortos seriam ressuscitados e o juízo final decretado, com eterna beatitude para os salvos e eterna punição para os malditos.[46]

A Salvação vem do Alto ou de Dentro?

Na tradição bíblica, a idéia de Deus estar encarnado em uma forma animal é totalmente abominável. Até mesmo a idéia da encarnação humana é bastante blasfema no Judaísmo e no Islamismo. No Cristianismo, é claro, a única exceção é o próprio Jesus Cristo, que era "o filho único de Deus" e Seu igual.[47] Jesus Cristo foi declarado, pelos grandes concílios da Igreja, ser plenamente divino e plenamente humano. Ninguém mais, por mais exaltado que seja, pode ser aceito como divino. Assim, apesar dos muitos provérbios obviamente místicos de Jesus, a tendência dominante no Cristianismo interpreta sua mensagem na maneira da tradição profética, com sua orientação para Deus, que é essencialmente diferente de todos os outros. O homem está aqui, Deus está lá; Ele é totalmente transcendente, tanto em pensamento como em experiência. A tradição profética não aceita uma escala contínua do ser, ao longo da qual há um movimento vertical. Ao invés disso, há uma descontinuidade radical entre o animal e o humano e, ainda mais importante, entre o humano e o divino. Qualquer tentativa de transgredir nossa humanidade é fútil e pecaminosa.

Em geral, o sábio indiano busca e encontra sua iluminação dentro de si mesmo, ao passo que os profetas bíblicos são buscados por Deus, que revela Seus mandamentos a eles. Os momentos sagrados nos quais o âmago interno da alma do homem comunga com a Realidade última são interpretados de forma diferente nas duas tradições. Estas podem ser duas experiências radicalmente diferentes, indicando um dimorfismo básico na psique humana. Ou, talvez, estas sejam interpretações diferentes, devido a linguagens e culturas diferentes, do mesmo encontro básico. É possível que no nível espiritual fundamental os dois tipos de experiência sejam essencialmente o mesmo. Deve ser mencionado que o grande filósofo judeu Fílon (30 a.C. – 50 a.D.), talvez devido à influência grega, interpretou a experiência profética em termos de êxtase místico.

Em qualquer dos casos, conceitos muito diferentes de religiões e terminologias associadas emergiram deste contraste entre dois tipos de experiência, ou dois tipos de interpretação de uma experiência similar. Em um temos *pecado, fé, oração, revelação, graça e salvação*. Estas são as palavras-chave no corpo de literatura redentora judaico-cristã e formam o eixo de toda a tradição. Todas estas palavras, sem exceção, soam estranhas no contexto hindu-budista, cujo ponto central é indicado por outras palavras e idéias: ignorância-ilusão *(avidya, maya)*, conhecimento *(jnana)*, prática-aperfeiçoamento *(sadhana)*, meditação *(yoga)*, síntese-integração *(samadhi)*, iluminação *(bodhi)* e libertação *(moksha)*.

Na tradição judaico-cristã, a esperança de salvação provém de fora do homem, de Deus, que é um absoluto externo e a autoridade última. A fé humana depende da revelação histórica de Deus através de seus porta-vozes especialmente escolhidos. O encontro de um indivíduo com Deus na tradição bíblica é mediado, direta ou indiretamente, por Seus profetas, por Sua Palavra ou por Sua Igreja. Qualquer experiência imediata é portanto sempre algo suspeita, pois o imediato por sua própria natureza é indiferente às interpretações das escrituras, estruturas organizacionais ou argumentação racional. Estas últimas tendem a constringir a realidade ao insistir que o único Deus verdadeiro expressou-Se através da única Palavra verdadeira e da única Igreja verdadeira. Por isso, no caso extremo, encontramos a excomunhão de crentes desviados, a condenação de escritos inaceitáveis, a queima de hereges, a maldição dos gentios. Todas estas perseguições são um fardo peculiar da história das religiões bíblicas. Entretanto, isto se torna inteligível quando reconhecemos o dualismo metafísico radical – entre Deus e homem, espírito e carne, bem e mal – que permeia a tendência dominante na tradição profética. É este dualismo que é em última análise responsável pelo pensar dicotômico que tanto escravizou o pensamento ocidental por séculos. Somente um ego atomista, dividido e isolado do resto do Universo, pode levar a sério muitos dos "problemas" aos quais os filósofos devotaram tanta atenção: Como é possível conhecer o mundo, compreender outras mentes ou compreender Deus? Há tensões persistentes na sociedade ocidental: entre o humanismo e a teologia, entre o indivíduo e o cosmos, entre o mundo externo dos fatos científicos e o mundo interno dos valores espirituais, entre o tempo e a eternidade, entre esta margem e a outra. Raramente foram estas resolvidas em uma síntese criativa, em especial no período moderno desde o surgimento da ciência, do Protestantismo, do capitalismo e o do individualismo. Reduzidos a um nível simples, estes aspectos parecem estar engajados em combate direto de ou isso ou aquilo, no qual o sucesso de um necessariamente significa a derrota do outro.

Na tradição indiana, por outro lado, a libertação vem de dentro, do âmago mais íntimo de nossa individualidade, o âmago que é o mesmo para todos os seres. Em última análise, aqui não há lugar para um dualismo metafísico. Para o indiano, deuses e demônios estão todos dentro dele, ou melhor, são ele. O que ele busca não é nem o interno nem o externo, nem o subjetivo nem o objetivo, nem o bem nem o mal. É algo além de todas estas dicotomias e contradições. Não há um absoluto externo, e a autoridade final está no *Ātman* que, embora esteja dentro dele, não é o eu-ego do homem. Por mais sagrados que sejam os escritos ou qualquer outra autoridade, o que de fato conta é nossa própria experiência mais profunda. "Quando o despertar ocorre", diz Shankara, "a escritura cessa de ser imperativa".[48] O risco é, naturalmente, da total relativização e muitas vezes uma indiscriminada aceitação de inumeráveis deuses, seitas e cultos; nenhuma revelação no tempo e no espaço é, a partir deste ponto de vista, melhor do que qualquer outra. Dessa forma, no nível da história mundana popular como tal, o mundo inteiro do espaço-tempo na realidade perde sua significação: afinal, é tudo uma brincadeira de *maya*, a sedutora cósmica; deve-se tentar escapar desta armadilha encantadora, pois a liberdade não está no mundo de nomes e formas.[49] Para um indiano comum, a verdade tende a tornar-se essencialmente um assunto *pessoal* – não apenas no sentido de que é uma experiência subjetiva, mas também de que a verdade, qualquer que seja, deve expressar-se através de uma pessoa viva que é geralmente deificada e adorada. Assim, torna-se importante buscar gurus, sábios ou não tão sábios, ao invés de buscar fatos objetivos acerca do mundo ou mesmo acerca de si mesmo.

Não devemos esquecer que toda tradição tem sua integridade; ela é consistente. As melhores percepções dos sábios e santos de uma tradição possuem uma continuidade discernível nos piores equívocos e perversões dessas percepções por parte da massa das pessoas. Isto se dá através das impiedosas operações do tempo, da mecanicidade e da quantidade. O melhor e o pior de uma cultura estão relacionados um com o outro, quase como se um não pudesse existir sem o outro, exceto por breves períodos ou para pequenos grupos de pessoas. A manutenção e a continuação de qualquer grande verdade ou visão necessita de uma tal grandeza de coração e alma e de tal auto-sacrifício constante que o povo em geral não pode ser capaz de fazê-lo, exceto sob a estrita orientação da elite espiritual de uma comunidade. As compreensões comuns dos grandes princípios espirituais em qualquer tradição religiosa, precisamente por serem comuns, não são confiáveis. As compreensões em massa estão apenas na superfície; elas não podem revelar as profundezas.

Duas Tendências Dominantes Divergentes

O grande precipício entre as duas correntes começa bem no início, ou, pelo menos, muito próximo dele. Quaisquer que sejam os efetivos começos históricos de suas fontes, as duas correntes logo adquiriram diferentes pontos de partida no que diz respeito ao indivíduo na tradição em questão, à medida que ele começa a tornar-se cônscio de si mesmo e do mundo à sua volta. Dito simplesmente, os dois pontos de partida são: Homem e Deus. Na Índia, toda a preocupação espiritual centra-se na pessoa individual; ela se encontra na escravidão e na dor, não apenas como o seu problema pessoal, mas como uma marca da existência que compreende a ação compelida e compulsiva *(karma)*, da qual ela luta para se livrar através da auto-realização. "Eu lhes digo isto, o segredo do *Brahman* : não há nada superior ao homem", declara o *Mahabharata*.[50] Há auxílios, marcos, sinalizadores, instrutores, mas não há salvadores. "Realize a sua própria salvação com diligência", disse o Buda. Na tradição bíblica, por outro lado, o ponto de partida é Deus, que é o agente ativo. Ele exorta o homem a responder ao desafio de Sua revelação através de Seus profetas. Quando um indivíduo torna-se cônscio de si mesmo, ele percebe o quanto se afastou do que dele é esperado por Deus, e de como ele é pecador. O percebimento do homem acerca de si mesmo se dá através da revelação de Deus. O homem em si mesmo nada é; a sua salvação consiste no reconhecimento deste fato e na sua total entrega à vontade e à graça de Deus, pois "pela graça fostes salvos, por meio da fé, e isso não vem de vós, é o dom de Deus: não vem das obras, para que ninguém se torne orgulhoso".[51]

Assim, São Paulo diz: "como sempre tendes obedecido . . . operai a vossa salvação com temor e tremor, pois é Deus quem opera em vós o querer e o operar, segundo a sua vontade."[52]

O homem judaico-cristão é muito confiante na graça de Deus, a cuja proteção ele pode abandonar-se como uma criança aos cuidados de sua mãe.

> O Senhor é meu pastor, nada me falta.
> Em verdes pastagens me faz repousar.
> Para as águas tranqüilas me conduz
> e restaura minhas forças;
> ele me guia por caminhos justos,
> por causa do seu nome.
> Ainda que eu caminhe por um vale tenebroso,
> nenhum mal temerei, pois estás junto a mim;
> teu bastão e teu cajado me deixam tranqüilo.
>
> . . . . .
>
> Sim, felicidade e amor me seguirão
> todos os dias da minha vida;
> minha morada é a casa do Senhor
> por dias sem fim.[53]

Compare isto com a estória que foi mencionada no primeiro capítulo. O indiano acredita que o grande mago de *maya* hipnotizou o homem, fazendo-o pensar que sua máscara da personalidade é seu verdadeiro ser e que ele pode abandonar-se nas mãos do mago, que é um bom mestre. Se o homem despertasse desta hipnose enganadora, ele perceberia o real horror de sua existência, na qual, como uma ovelha, ele está sendo levado ao matadouro. Então ele iria querer escapar do mago. Se puder vencer o transe de ilusão no qual está envolvido, ele perceberá o seu verdadeiro eu – que não é ovelha em absoluto – e o mago não mais terá qualquer poder sobre ele.[54]

Evidentemente que cada uma das duas tradições é muito vasta; uma imensa variedade de pessoas, idéias e práticas pertencem a cada uma delas. Pode até mesmo ser verdadeiro que tudo o que existe em uma tradição pode ser encontrado, em uma forma ou outra, também na segunda. No entanto, as tendências dominantes das duas tradições são muito diferentes no nível societário, filosófico e teológico. À medida que um indivíduo começa a lutar com o seu condicionamento cultural, é precisamente das idéias e influências predominantes que ele necessita se livrar, de modo que esteja mais livre para se mover em direção à fonte mais profunda da tradição bem como dele mesmo. Um percebimento de outra tradição, que não vislumbra a situação e as possibilidades humanas da mesma forma que a nossa, pode nos libertar para uma nova visão da situação. No processo, podemos chegar a questionar e compreender a própria natureza do olhar – quer seja ele velado pelo condicionamento ou inteiramente novo – e do ser – quer seja na superfície ou na profundidade.

Algumas das principais diferenças nas tendências dominantes de ambas as tradições podem ser resumidas como segue:

Aspecto	Tradição Judaico-Cristã	Tradição Indiana
Ponto de Partida	Deus que chama (homem, nação, comunidade, Israel, igreja)	Homem que busca (Eu, Deus, *nirvana*, verdade, libertação
Situação Humana	O homem é pecador	O homem está em sofrimento, em escravidão
Causa da Presente Situação	Pecado Original, desobediência aos mandamentos de Deus	Desejo, ignorância, ilusão
Meta	Graça, salvação, céu, vida eterna	Auto-realização, iluminação, libertação, liberdade da vida e morte eterna
Métodos	Arrependimento, fé, obediência, oração, igreja	Auto-estudo, conhecimento, meditação, integração, esforço individual, guru
Algumas Características	Um Deus, um caminho, um salvador (outros são falsos, errados ou inadequados)	Uma Verdade, mas necessariamente muitos caminhos diferentes para alcançá-la
	Deus e o Diabo estão fora do homem	Deus e o Diabo estão dentro do Homem
	O homem é fundamentalmente um indivíduo único	Fundamentalmente não há um indivíduo único, individualidade é superficial
	O homem e Deus são radicalmente diferentes	O homem e Deus são radicalmente um
	O homem deve perceber sua insignificância diante de Deus	O homem percebe que tudo o que existe é *Brahman*, ele (o homem) é *Brahman*

Embora se defrontem com a mesma condição humana, as tendências dominantes nas tradições bíblica e indiana parecem divergir imensamente; suas formulações, imagens, símbolos, parábolas e lendas parecem tão diferentes. A diferença essencial entre as duas tradições é melhor ressaltada nas palavras de seus mais ilustres representantes, ditas a seus discípulos favoritos. Cristo perguntou a Simão Pedro: "E vós, quem dizes que eu sou?" Ele respondeu: "Tu és o Cristo, o filho do Deus vivo". Então Jesus disse: "Bem-aventurado és tu, Simão, filho de Jonas, porque não foi carne ou sangue que te revelaram isso, e sim o meu Pai que está nos céus. Também eu te digo que tu és Pedro, e sobre esta pedra edificarei minha Igreja, e as portas do Inferno nunca prevalecerão contra ela. Eu te darei as chaves do Reino dos Céus e o que ligares na terra será ligado nos céus, e o que desligares na terra será desligado nos céus".[55] O Buda, por outro lado, disse: "*Ananda*, sêde lâmpadas para vós mesmos. Sêde um refúgio para vós mesmos. Não vos valeis de nenhum refúgio externo. Aferrai-vos à verdade como uma lâmpada. Aferrai-vos à verdade como um refúgio".[56]

6

DO SOLITÁRIO AO SOLITÁRIO

Nas encostas das poderosas montanhas há muitas aldeias, cada uma com sua própria deidade e seu próprio conselho responsável pelas formas de adoração e louvor ao Uno que habita o topo da montanha. De poucos em poucos anos, representantes de todos os conselhos reúnem-se para decidir que encosta é a melhor para a subida. Todos eles trazem evidências e citam autoridades, discutem e partem. Muitos abandonam completamente as encostas e se estabelecem nas planícies, alguns acalentam memórias das estórias contadas por seus antepassados depois de sua subida. Umas poucas crianças ouvem o chamado do topo, entre o alarido dos adoradores no templo e dos eruditos nos conselhos. Somente algumas delas têm a força e a coragem de empreender a longa e árdua jornada que conduz à presença do Uno que chama.

Quem é que nos chama? Como podemos ouvir e responder? A origem do chamado está dentro de nós ou acima de nós? "Quem vos chamou é fiel", como diz São Paulo.[1] Se pudermos descobrir um modo de prestar atenção e confiar nesta voz, poderemos deixar de lado a teorização e começar a aprender a responder ao chamado. Se pudermos manter a nossa questão central em mente, não é provável que sejamos distraídos por discussões com o nosso próximo ou por tentativas de convertê-lo. A nossa necessidade é de algum caminho prático que nos ajudará a permanecermos em nossa *reta mente* pela qual, unicamente, podemos ouvir e ver com retidão. Até que desenvolvamos um órgão interno de discernimento, estamos sem âncora, carregados por qualquer vento ocasional.

Autoconhecimento

Em um dos Diálogos entre *Discípulo e Mestre*, Jacob Boehme escreve o seguinte:

> O Discípulo disse a seu mestre: Como poderei chegar à vida supra-sensória, de modo que possa ver Deus e ouvi-lo falar? Seu Mestre disse: Quando puder lançar-te apenas por um momento naquilo onde nenhuma criatura habita, então ouvirás o que Deus fala.
>
> Discípulo: Isto está próximo ou distante?
>
> Mestre: Está dentro de ti e se puderes por um momento apenas cessar todo o teu pensar e querer, então ouvirás as palavras indizíveis de Deus.[2]

Ao dizer "está dentro de ti" Boehme expressou uma verdade eterna que tem sido afirmada por praticamente todos os grandes instrutores do passado. Cristo disse: "O Reino de Deus está dentro de vós".[3] A auto-realização é o tema principal de todos os *Upanishads*. "Conhecê-lo, oculto no lótus do coração, é desatar o nó da ignorância".[4]

Entretanto, a este que está oculto não é facilmente determinado um lugar. Na profunda experiência de ouvir e ver, o que está fora de nós está também dentro. Nós próprios somos tão misteriosos quanto o reino e podemos guardar suas chaves. Se pudermos abrir as portas do castelo interior, o rei poderá vir e sentar-se no trono.

O autoconhecimento é um pré-requisito, senão sinônimo, para a teologia. De acordo com Plutarco, a inscrição em Delfos, "conhece-te a ti mesmo", é uma ordem dirigida por Deus a todos os que se aproximam Dele.[5] O homem "experimenta diretamente a verdade de *Brahman* ao perceber a luz do Eu dentro de si", diz um *Upanishad*.[6] Plotinus disse: "Aquele que busca penetrar a natureza da Mente Divina deve ver profundamente na natureza de sua própria alma, na parte mais Divina de si mesmo".[7] Na verdade, parece que o único caminho para Deus é através do autoconhecer-se, do morrer para o nosso eu superficial e do nascer para um eu mais profundo. Há claramente diferenças em detalhe e ênfase, mas não há qualquer outro ponto sobre o qual exista maior unanimidade de princípio entre os vários mestres do vir-a-ser espiritual. Um dos provérbios não-canônicos de Jesus Cristo é: "O Reino dos Céus está dentro de vós e quem quer que conheça a si mesmo o encontrará. E tendo-o encontrado, vós sabereis que sois os filhos e herdeiros do Pai, o Todo-poderoso, e sabereis que vós estais em Deus e Deus em vós. E vós sois a Cidade de Deus".[8]

É óbvio que há níveis de autoconhecimento e um correspondente desenvolvimento ou aprofundamento do ser. Diferentes tradições referem-se a esses níveis em muitas formas: montanha de sete andares, degraus de uma escada, níveis de consciência. Dentro de nós mesmos no nível da humanidade ordinária, onde habitualmente estamos, há confusão e caos. Somos como "um mar agitado que não pode acalmar-se, cujas águas revolvem sargaço e lodo".[9] Temos desejos e compulsões conflitantes em fluxo constante; nada há de duradouro, nada que possa ser propriamente chamado de *eu*. Como Pascal disse: "Não somos nada senão mentiras, duplicidade, contradição, e ocultamos e disfarçamos a nós mesmos de nós mesmos".[10] Apenas em nosso interior mais profundo há a possibilidade de maior compreensão, integração e totalidade. Somente em um estado de recolhimento, compostura, abertura e vigilância é que podemos conhecer qualquer coisa objetivamente. Em todos os outros estados o nosso aparato perceptivo está fora de sintonia e introduz o seu próprio barulho que surge de distrações e aflições internas e externas. Nada do que deciframos nestes estados dispersos é fundamentalmente fidedigno. Um dos propósitos das várias escolas espirituais é auxiliar os homens a consertarem a si próprios e aos poucos chegarem a um estado de preparação, livres de desejos, expectativas e medos subjetivos. Enquanto continuarmos a fazer nossos pequenos barulhos, não podemos ouvir de fato. Somente quando interiormente aquietados é que poderemos encontrar o que é real.

Naquele estado purificado, integrado, que é alcançado após uma longa e árdua jornada espiritual, podemos descobrir nosso eu mais profundo, o qual os sábios designam por vários nomes: "o espírito da alma" (Eckhart), "*acumen mentis*" (Hugo de São Vitor), "centro da alma" (Santa Teresa de Ávila), "centelha da alma" (São Jerônimo), "a pessoa divina que está além do além" *(Mundaka Upanishad)*. Estas são todas tentativas de dar nome ao inominável, mas como Eckhart disse: "O Deus que é destituído de um nome é inexprimível, e a alma em sua base é igualmente inexprimível, assim como Ele é inexprimível ... para medir a alma devemos medi-la com Deus, pois a base de Deus e a base da alma são uma só e a mesma".[11] É deste eu dos eus que os *Upanishads* falam quando declaram: "Tu és aquilo"; é aquele *Ātman* (Eu) que é *Brahman*.[12] Somente aquele que fala a partir deste centro é que pode dizer "Eu e o Pai somos um ... Eu sou o Caminho, a Verdade e a Vida. Ninguém vem ao Pai a não ser por mim".[13]

Quando assim conhecemos a nós mesmos, não mais conhecemos *este* eu ou *aquele* eu; conhecemos o Eu, não restrito por qualquer particularidade. Este conhecimento é possível somente quando o sentido de meu e de ego é transcendido. Estritamente falando, portanto, não há pessoa alguma que seja alguém que conhece o Eu; o Eu conhece a si mesmo. Isto é o que Plotino chama de "um vôo do Solitário ao Solitário".[14] "Não sou eu, o eu que eu sou, que conhece estas coisas", diz Boehme, "mas Deus as conhece em mim". É para este Eu que nós, que estamos cansados com o peso do nosso fardo, devemos ir a fim de encontrar descanso.[15] Se, abandonando tudo o mais, somente nisto nos refugiarmos, seremos libertados do mal.[16]

Em geral, a nossa consciência está tão completamente limitada pelo espaço-tempo e pela linguagem a ponto de imaginarmos que todos os níveis do ser jazem nestes limites. Condenados como estamos às superfícies, negamos completamente as profundezas, esquecendo que estas limitações não representam mais do que um minúsculo fragmento da realidade. A consciência restrita, entretanto, confina-se dentro dessas fronteiras para as quais tenta forçar tudo mais. É como se toda a escala musical devesse ser confinada a uma única nota porque isso é tudo o que podemos ouvir. Nossa linguagem ordinária é um instrumento para transações interpessoais, não para as suprapessoais. Quando o nosso ego é transcendido, a palavra "eu" perde o sentido e o significado; o mesmo acontece com a dicotomia sujeito-objeto que depende dele. Uma vez que esta distinção lingüística central torna-se nublada, toda descrição passa a ser problemática. Alguns então dizem "eu sou *Brahman*", e outros afirmam que "o Pai habita em mim", e alguns, como o Buda, permanecem em silêncio ou não fornecem qualquer descrição positiva em absoluto.

Abandonar o ego é como o rompimento de uma grande represa. A água jorra com tal força que destrói quaisquer formas naturais de terra que estejam próximas. Por outro lado, longe da fonte a água flui pelos canais preexistentes. À medida que se torna mais distante da fonte, a menos que seja alimentada por algumas nascentes frescas, a água torna-se mais rasa e mais suja e perde o poder de limpar aqueles que nela se banham. Aqui o jorro devorador do Espírito é canalizado para as formas estabelecidas de linguagens, filosofias e religiões. Os homens reivindicam essas palavras, sistemas e símbolos e brigam por elas, arrastando assim em sua egomania o sagrado para o profano.

O Ensinamento Eterno

Essencialmente, um filho de Deus não traz qualquer ensinamento novo; seu ensinamento é *novel* mas não *original*, pois a sabedoria que é eterna não pertence ao tempo. É o antigo caminho que ele mostra e revela novamente para uma nova geração. "Eu vi", diz o Buda, "o antigo caminho, a velha estrada que foi tomada pelos antigos Plenamente Despertos, e esta é a *senda* que sigo".[17] Yajnavalkya, no mais antigo *Upanishad*, cita versos, já antigos em sua época, que mencionam "o caminho sutil, duro e longo", pelo qual "os sábios alcançam a liberação final ao morrerem".[18] É por isto que muitas pessoas, tais como Santo Agostinho, consideram o Cristianismo como mais antigo do que o Jesus de Nazaré; e porque Gautama Buda é algumas vezes considerado ser apenas um em uma cadeia de Budas anteriores. Mas ninguém pode arrogar a si mesmo a honra de ser um sumo sacerdote: ele é chamado por Deus, como o foi Cristo segundo a ordem de Melquisedec.[19]

O que o mestre ensina não é *seu*, pois ele, por si, é ninguém.[20] Sua importância não está no fato de que ele é alguém em particular – de um lugar ou linhagem específicos, ou de uma cor, forma ou feição específicas. Tendo se tornado ninguém em particular, tendo sacrificado a si mesmo, ele se tornou digno de abrir o papiro da sabedoria oculta e de romper seus sete selos, de forma que possa contemplar aquilo que nenhuma visão do ego pode ver. Tendo se tornado nada em si mesmo, ele se torna o Todo. "Porque não falei por mim mesmo, mas o Pai, que me enviou, me prescreveu o que dizer e o que falar".[21] A ponte para a outra margem, o ensinamento, não é construída daqui para lá. Qualquer *senda* verdadeira é estabelecida unicamente pelo Espírito, de lá para cá. Quando o Buda "ruge o seu rugido de leão", prossegue ele, "se então qualquer um diz que, Gautama, o Peregrino, conhece e vê como dito anteriormente, que minha eminente percepção e gnose ariana não tem uma qualidade super-humana, e que ensino uma Lei que foi exaurida pelo raciocínio, experimentalmente considerada e auto-expressa, se ele não se retratar, não se arrepender e abandonar este ponto de vista, ele cairá no inferno".[22]

O ensinamento é super-humano; ele provém do alto. Ele encontra sua expressão em homens especialmente escolhidos por sua força, compreensão e sacrifício, depois de terem sido completamente desnudados, purificados e tornados completos. Há muitos recipientes de diferentes formas e cores contendo água do mesmo vasto oceano. Em geral, a maioria deles foi maculada por homens como nós, interesseiros e auto-importantes. Se começamos a fazer esforços para despertar, podemos começar a ver a nós mesmos e além de nós mesmos; podemos então ser capazes de distinguir entre o genuíno e a imitação. Enquanto permanecermos dentro dos confins de nossas pequenas conchas egóicas, não teremos nascido duas vezes. Podemos, se mudarmos nossas maneiras trabalharmos duro o suficiente, abandonar o nada ao qual nos apegamos e nascermos novamente no Espírito. Podemos alcançar o oceano do Budado, quando a base do cântaro do nosso egocentrismo é rompida. Kabir canta:

> Água no cântaro, cântaro na água
> Água fora, água dentro.
> Quebrando o cântaro, água funde-se com água.
> Esta verdade é tudo o que dizem os sábios.[23]

Os Limites da Razão

Diz-se que dos maiores obstáculos na *senda* espiritual são excessivas argumentação e teorização. "Ninguém se iluda", diz

São Paulo, "se alguém dentre vós julga ser sábio aos olhos deste mundo, torne-se louco para ser sábio, pois a sabedoria deste mundo é loucura diante de Deus. Com efeito está escrito: *Ele apanha os sábios em sua própria astúcia.* E ainda: *O Senhor conhece os raciocínios dos sábios*; sabe que *são vãos*".[24] Dificilmente qualquer um dos grandes instrutores espirituais – Moisés, Buda, Mahavira, Jesus, Maomé, Francisco de Assis, Ramakrishna – foi o que chamamos de um homem douto ou erudito. Indubitavelmente, eles eram *sábios*; sua sabedoria é distinta do conhecimento racional e não é adquirida através da erudição livresca.

A faculdade de raciocínio no homem possui esta característica notável: ela deseja assumir o controle. E a fim de ser o mestre, ela tenta criar um universo inteiro de acordo com seus próprios desejos e propósitos. Isto é verdade em relação a todas as construções mentais, quer seja no nível de nossas vidas pessoais ou no nível do empreendimento público geral de conhecimento e manipulação da Natureza. A mente que não está à vontade com o que é o reduz gradualmente, ignora algumas partes e escolhe outras, até que a realidade seja forçada a uma estrutura que possa ser manuseada. O que quer que não se ajuste ao nosso esquema conceitual, mesmo potencialmente, assusta-nos e tentamos denegri-lo chamando-o de "irracional", "irregular" ou "secundário", enquanto que glorificamos a "razão" e a "lei" – tudo de acordo com a nossa habilidade e controle. Os universos mentais que criamos para nossa habitação são com freqüência discordantes uns dos outros, tendo sido feitos de acordo com as nossas capacidades, desejos e imaginações pessoais. Às vezes, uma dessas construções ultrapassa as fronteiras comumente aceitas da fantasia e consideramos o seu criador um insano. Não obstante, todos nós vivemos em um mundo fantástico – abstrato e autoconstruído – que nos mantém protegidos e velados em relação à verdade. Aquele que vê claramente é liberto deste mundo ilusório, desta prisão voluntária do ego, e diz com Sri Aurobindo:

> Escapei e o pequeno eu está morto;
> Sou imortal, solitário, inefável;
> Saí do Universo que eu mesmo criei,
> E me tornei inominável e imensurável
> Sou a única Bem-aventurança imóvel do Ser uno;
> Sou ninguém, eu que sou tudo o que existe.[25]

Qualquer que seja a natureza da realidade espiritual, ela deve comprometer e envolver o ser humano como um todo e não apenas o intelecto discursivo. O raciocínio por si mesmo, sem os testes da experiência, conduz à extravagância especulativa e à mera teorização dentro da teia da razão humana apenas. Nesta teia estão antinomias, dicotomias e contradições. Preso nela o homem não pode alcançar o mistério e o enigma da vida. A história da filosofia está repleta de gigantes intelectuais, lutando para construir pontes entre o raciocínio humano e a margem distante. Alguns deles – Platão, Plotino, Agostinho, Shankara, Tomás de Aquino, por exemplo – refugiam-se finalmente em algum tipo de *contemplação intelectual* que está acima e além do raciocínio. Alguns outros – Kant e Wittgenstein, para citar apenas dois – negam que haja qualquer vínculo entre o conhecimento racional e a realidade espiritual.

Isto não quer dizer que a atividade racional é necessariamente oposta à vida espiritual. A razão, é claro, possui seu lugar legítimo e importante; entretanto, ela tem a tendência de usurpar o controle ao dominar o sentimento e a intuição.[26] Não é que a nossa razão esteja superdesenvolvida e necessite ser refreada; o nosso problema é que somos meramente racionais e não cultivamos ou escutamos as nossas outras faculdades de percepção. Assim, fazemos julgamentos unilaterais, baseados apenas na razão, e não em consonância com a harmonia geral de nossa alma. No eu integrado, as diferentes partes internas funcionam em seu lugar, na ordem adequada, sem contradizer umas às outras. Como Platão descreve, a ação justa e bela é aquela que preserva e, na verdade auxilia alcançar esta harmonia interior entre as partes racional, irrascível e apetitiva de nossa alma; a sabedoria é aquele conhecimento que supervisiona esta ação.[27] Como disse Pascal: "Dois excessos: excluir a razão, aceitar a razão somente".

A especulação exclusivamente teórica sempre foi considerada como uma distração da *senda* espiritual. O sábio Yajnavalkya aconselhou sua esposa a não questionar muito para que sua cabeça não se desprendesse.[28] A razão principal é simplesmente a percepção, como em Kant, de que a razão não pode escapar de suas próprias antinomias e por isso continua a vaguear de questão em questão sem qualquer resolução final. Com relação à *senda* do Buda, encontramos o seguinte:

> Se alguém dissesse que não desejaria levar a vida santa junto ao Abençoado, a menos que antes o Abençoado lhe dissesse se o mundo é eterno ou temporal, finito ou infinito; se o princípio vital é idêntico ao corpo ou algo diferente; se o Perfeito continua após a morte etc., uma tal pessoa morreria antes que o Perfeito pudesse lhe dizer tudo isto.
>
> É como se um homem fosse atingido por uma flecha envenenada e seus amigos, companheiros ou parentes próximos chamassem um cirurgião, mas tal homem dissesse: "Não terei esta flecha extraída até que eu saiba quem foi o homem que me feriu: se ele

é um nobre, um príncipe, um cidadão ou um servo''; ou: ''se ele é alto ou baixo ou de estatura média''. Deveras, um tal homem morreria antes que pudesse adequadamente saber tudo isto.[29]

O interesse básico de um aspirante espiritual não está na explicação científico-filosófica do mundo, mas em ver qual é sua situação e tentar viver de acordo com as exigências de seu *eu* mais profundo. Excessivas especulações sobre como este mundo veio a se tornar no que ele é causam distração, atrapalham e não conduzem a uma mudança interior. O aspirante aceita a situação empírica como ele a encontra e busca maneiras de libertar-se desta escravidão a influências internas e externas que o mantêm agrilhoado. Ele não está interessado no ''conhecimento'' por curiosidade ou pelo conhecimento em si, como um fim em si mesmo.[30] Sua preocupação primeira e última é a transformação superior, a qual somente dá importância prática à sua busca pela libertação.

O Buda permaneceu silencioso em resposta a todas as inquirições metafísicas. ''O Tathagat não possui teorias''.[31] Ele insistiu no sentido do indivíduo chegar a uma compreensão de sua própria situação e seguir o caminho de sua salvação. O aspirante necessita de uma *senda* psico-espiritual para vir-a-ser, ao invés de um *sistema* filosófico-metafísico de especulações e explicações. Enquanto permanecermos como somos, todo o pensar e o falar sobre ideais, metas e realidade última é uma fuga do verdadeiro trabalho. Em alpinismo, raramente se sabe como é o pico, mas o último passo depende do primeiro; deve-se prestar atenção se não se quiser cair. À medida que se avança, tem-se uma visão melhor daquilo que antes estava coberto pela neblina. Em nenhum dos mitos tradicionais, o herói tem uma idéia muito clara do que jaz à frente. Ele não pode; temos uma imagem do familiar e do conhecido apenas, não do mistério. Isto é como deve ser, pois podemos compreender claramente apenas aquilo que está abaixo ou no nível de nossa compreensão. "Tivesse eu um Deus a quem eu pudesse compreender", disse Eckhart, "eu não mais o consideraria como Deus".[32]

Para uma pessoa mais interessada na experiência do que na explicação, há uma razão metodológica muito importante para desconfiar de idéias especulativas. As idéias surgem no mundo de nomes, feições e formas definidos e então adquirem, por assim dizer, uma existência independente por si mesmas. Agrupamentos de idéias primitivas formam idéias mais complexas e abstratas, que são então usadas pela mente para interpretar a experiência. A realidade, ou o que é dado, não se impinge sobre nossas mentes diretamente; ela o faz somente através desta rede de idéias adquiridas pela mente. A aquisição destas idéias, reunidas por associação e analogia, é o que costumamos chamar de *educação*. Freqüentemente, quanto mais "educada" uma pessoa é, menos aberta ela está para uma experiência nova; ela percebe o mundo através das lentes espessas de suas idéias e de acordo com sua coloração. Os instrutores espirituais em todas as épocas – dos sábios dos *Upanishads* a Krishnamurti – insistiram no aquietar da mente, na suspensão das *idéias* relativas à natureza da alma, de Deus ou do mundo. O que eles prescrevem é uma abertura de si mesmo, um estado de passividade ativa e um acompanhamento sem tensão do que é. O "Deus" dos filósofos – de Aristóteles, de Descartes, de Hegel – é muito suspeito. É meramente uma idéia na cabeça de alguém, necessária para completar um sistema intelectual. É sobre este tipo de deus que se tem *argumentos*, a favor ou contra, ou cuja existência está sujeita a *provas*. Este Deus feito pela mente é ainda um outro obstáculo o qual o aspirante tem de transpor. É desta conjectura mental que Eckhart quer ser libertado quando diz "eu peço a Deus que me livre de Deus".[33]

O que nós compreendemos com nossas idéias é no mínimo parcialmente criado por nós mesmos. Modelamos o mundo segundo a forma de nossas idéias. A realidade espiritual – qualquer que seja sua natureza – é super-humana; ela não é criada ou medida pela mente humana. Ela se *revela* àqueles que estão preparados para recebê-la. Todos instrutores tentaram empurrar as mentes de seus estudantes para fora de seus sulcos costumeiros, de forma que algo novo não fosse imediatamente engavetado em compartimentos familiares. Alguns dos métodos mais dramáticos que alguns mestres zen usaram para este propósito são bem conhecidos através da imprensa espiritual sensacionalista. Entretanto, choques – administrados apropriadamente por um mestre que esteja ele próprio livre de seu ego – têm um valor incalculável na remoção de nosso suporte usual de idéias. Alguém que jamais está perdido não pode encontrar a si mesmo. O perigo das idéias está precisamente nisto: elas tendem a auxiliar a mente rotular novas experiências com velhos nomes, classificando e sistematizando, e dando assim uma impressão de que alguma coisa foi compreendida. Tudo que acontece durante este processo é que a mente, depois desta classificação, sente-se com o controle da situação e se torna mais uma vez confortável com o seu antigo devaneio e fantasia. Voltamos a dormir, tendo ouvido o nome talvez, mas não tendo visto a face.

Saber não Sabendo

O que é exigido é uma abertura radical, sem qualquer *idéia* do que encontraremos, sem quaisquer expectativas, anseios, desejos ou esperanças. Todos estes são constrangimentos sobre o que é; são preconceitos. É o total esvaziamento de si mesmo que é necessário, completa nudez e uma espera paciente pelo "Rei da câmara escura". O que é solicitado, na verdade, é o sacrifício do eu; somente então se dá o segundo nascimento.

> Ora, se alguém por ventura perguntar se eu afinal admito algum ponto de vista, deveria ter a seguinte resposta: "O Perfeito (Buda) está livre de qualquer teoria, pois o Perfeito compreendeu o que é o corpo, surge e morre. Ele compreendeu o que são as formações mentais como surgem e morrem. Portanto eu digo que o Perfeito conquistou a completa libertação através da extinção, desvanecimento, desaparecimento, rejeição, livrando-se de todas opiniões e conjecturas, de toda inclinação à vanglória do *eu* e do *meu*".[34]

O que o aspirante busca, e para o qual se prepara, é algo completamente *objetivo*. É transpessoal e universalmente verificável, embora não na maneira externa das modernas ciências naturais. Não é alguma coisa privada – fantasiada, imaginada, desejada. É, na verdade, algo que não está maculado, restrito ou contido por nossos desejos, idéias ou pensamentos. É errado até mesmo dizer que se busca a realidade última, pois se encontra aquilo que se busca – ainda dentro da teia de nossas próprias idéias e desejos. "Aquele que busca Deus sob uma forma determinada apodera-se da forma, enquanto deixa escapar o bem oculto nela", disse Eckhart.[35]

No final, todo esforço e busca – espiritual ou não – devem parar. Como diz uma escritura budista, "quando a mente retorna à sua habitação natural não há nem a *senda* nem alguém que a percorra".[36] Finalmente, nem é muito possível dizer que esta realidade é *objetiva*, pois este rótulo faz sentido apenas do ponto de vista de uma consciência que ainda está dividida. Não é nem objetiva nem não-objetiva, nem uma combinação das duas. Não podemos ter qualquer idéia ou descrição que possa defini-la; nada há de inteligível para nossa mente comum que possa de fato ser dito sobre ela. É por isso que ela é "o Grande Mistério", "o Abismo", "o Vazio", "a eterna Tranqüilidade".

É assim que São João da Cruz apresenta-a:

Entrei onde não soube
e quedei-me não sabendo
toda ciência transcendendo.

Estava tão embevecido,
tão absorto e alheado,
que se quedou meu sentido
de todo o sentir privado,
e o espírito dotado
de um entender não entendendo,
toda a ciência transcendendo.

Este saber não sabendo
é de tão alto poder,
que os sábios discorrendo
jamais o podem vencer,
que não chega o seu saber
a não entender entendendo,
toda a ciência transcendendo.[37]

Conhecimento "Objetivo"

Quando pensamos na *objetividade* imediatamente pensamos na ciência. Entretanto, a objetividade das ciências naturais não é tão radical nem tampouco completa. A atividade científica é muito mais agressiva; é uma afirmação do ego humano. O homem apresenta perguntas à Natureza e a tortura para obter respostas. Os experimentos e observações que ele faz não podem ser independentes de suas próprias teorias e conjecturas.[38] Não é possível fazer-se uma observação científica sem um sistema teórico prévio. Na ciência, qualquer teoria é melhor do que nenhuma teoria. A fim de prosseguirem, os cientistas têm estado (e estão) felizes por possuírem teorias parciais, incompletas ou erradas, ao invés de esperar por uma correta; até que uma nova teoria esteja disponível a antiga não é abandonada.[39] Isto foi claramente reconhecido por Newton, o gigante da revolução científica que prenunciou a ciência moderna. Não seria exagero dizer que a ciência moderna levantou vôo quando os cientistas transferiram sua fidelidade da *verdade* para a *teorização*, da *experiência* interna para o *experimento* externo. Immanuel Kant fez algumas observações muito pertinentes a este respeito:

> A razão, tendo em uma das mãos seus princípios, segundo os quais somente fenômenos concordantes entre si podem valer como leis, e, na outra, o experimento que ela imaginou de acordo com esses princípios, deve aproximar-se da Natureza para ser por ela instruída, não na qualidade de um aluno que acata tudo o que o professor quer, mas sim como um juiz nomeado que obriga as testemunhas a responder às perguntas que lhe propõe.[40]

As ciências não são realmente objetivas pois elas nunca deixam que o objeto se revele tal como é.[41] A objetividade é possível somente se o objeto é refletido, inteiro e rico, no claro campo da consciência, sem as ondulações perturbadoras da subjetividade – idéias, esperança, medos. Uma tal objetividade tem sua existência e significado precisamente neste relacionamento não perturbado e não em qualquer descrição ou conhecimento distinto dele. Uma vez que os cientistas estão ocupados em produzir um conhecimento público e não em acalmar suas agitações subjetivas enquanto relacionam-se com um objeto, não podem ser objetivos neste sentido. O que é chamado de *objetividade* nas ciências é de fato *intersubjetividade*. O importante é encontrar uma descrição de um objeto sobre a qual os membros da comunidade científica – os quais são membros porque chegaram a compartilhar certas suposições e procedimentos básicos – concordariam uns com os outros.

Esta concordância intersubjetiva é alcançada por várias suposições fundamentais e de longo alcance.[42] Em primeiro lugar, a realidade é considerada apresentar-se a indivíduos nucleares de forma que o objeto e o sujeito sejam inalienavelmente distintos e separáveis um do outro. Nós temos o testemunho de muitos místicos e artistas de que em suas experiências mais profundas a distinção sujeito-objeto não é tão aguda como costuma parecer à nossa consciência comum. Em segundo lugar, subjacente à realidade experimentada é postulado um constructo abstrato e puramente racional; este constructo é então rotulado de "realidade", e a realidade experimentada é rotulada de "aparência". A busca científica, portanto, é especular sobre a "realidade" e colocar estas especulações sob o teste, não de toda a "aparência", mas daquelas partes que têm uma conexão com a "realidade" conjecturada. Assim, tanto a teorização como a experimentação científica contêm amplos elementos de projeção, seleção e interpretação pela razão. Em terceiro lugar, o ser humano é considerado essencialmente um conhecedor racional; suas outras faculdades de percepção são quase que totalmente ignoradas. Neste processo, aqueles aspectos da realidade que correspondem às nossas sensações e sentimentos, tais como cor, cheiro, paladar, beleza, propósito, são ou completamente postos de lado ou são relegados a uma condição secundária. Por exemplo, sabemos a carga e a massa de um elétron, mas é considerado ridículo perguntar qual é sua cor e qual é o seu cheiro.

O conhecimento adquirido pela imposição desta camisa-de-força metafísica sobre a realidade é semelhante à confissão obtida, sob coação, de um adversário. Qualquer um que objete a tais procedimentos é considerado suspeito pela ortodoxia intelectual contemporânea de sucumbir ao romantismo desesperado ou ao misticismo irracional, opostos à razão e ao progresso.

A "Natureza" que surge através das ciências naturais não é a Natureza como ela é, mas apenas aquela construção que a razão humana impôs sobre ela. Niels Bohr, proeminente cientista do século vinte, reconheceu isto claramente: "É errado pensar que a tarefa da Física é descobrir como a Natureza é. A Física ocupa-se com o que podemos dizer sobre a Natureza".[43] Até mesmo esta descrição está ainda limitada apenas àquilo que pode ser medido e quantificado. Do ponto de vista científico, "aquilo que não pode ser medido não é real", como disse Max Planck. A tendência geral nas ciências é reduzir tudo a um nível mecanicista no qual obtemos a descrição matemática da matéria em movimento, sem significado e propósito. As escoras metafísicas do procedimento científico podem ser adequadas à investigação da realidade inanimada. Entretanto, tentar copiar a mesma metodologia para compreender todas as ordens de seres – superiores bem como inferiores – é admitir tacitamente a supremacia do material sobre o espiritual. É inevitável que, para nós modernos nutridos pela ciência, a *Cosmologia* se tenha tornado, como era de se esperar, um ramo da *Física*.

Dessa forma nós empobrecemos o Universo a fim de investigá-lo exclusivamente do nosso ponto de vista, o qual não pode ser outro senão controle e manipulação. Por uma extensão de nossa egocentricidade, acreditamos ser o homem, tal como ele é, a medida de todas as coisas.[44] Através de tal crença, nos colocamos sobre e contra a Natureza; até mesmo falamos do homem no Universo como se não fôssemos parte dele. Esta atitude subjacente é comum a todas as ciências, artes e humanidades contemporâneas. Com certeza, isto está na raiz de nossa crise moderna. Mas, mesmo quando reconhecemos a crise e genuinamente desejamos fazer algo em relação a ela, logo pensamos em manipulações tecnológicas adicionais na Natureza a serviço do homem. Nossos Eus interiores sentem-se muito apartados deste mundo abstrato inventado por nossa razão possessiva e agressiva, pois nela não há lugar para nada superior. Não podemos encontrar nossa orientação neste vasto cosmos porque imaginamos que tudo nele tem seu lugar somente em relação a nós.

Conhecimento da Verdade Superior

O que é necessário é uma mudança radical em nosso ponto de vista. É possível que o Universo inteiro não esteja organizado por nossa causa; talvez ele tenha seus próprios propósitos. Considere, por exemplo, o fato de que em média cem milhões de pessoas morrem a cada ano. Cem milhões de pessoas – tais como você e eu – com suas consciências, suas esperanças e medos, suas lutas e prazeres, com seus sonhos para filhos e netos. Naturalmente, cem milhões ou mais nascem a cada ano: novas almas com aspirações e esperanças novas. É difícil escapar da imagem do planeta Terra como uma enorme criatura de útero extremamente fecundo e mandíbulas muito destrutivas, voltada aos seus próprios ritmos e propósitos, completamente desapercebida da autoimportância de qualquer ser humano. Talvez todas as constelações cósmicas – a Terra, o Sol e as galáxias – tenham suas funções e propósitos. Como podemos descobrir o que elas são; como podemos ouvir e ver? Certamente, podemos compreender o nosso lugar e propósito somente a partir de um ponto que está além de nós mesmos e ao qual prestamos atenção. Como diz um *Upanishad*, "a meditação *(dhyana)* é sem dúvida mais do que o pensamento. A Terra medita, por assim dizer. As águas meditam . . .As montanhas meditam . . . Deuses e homens meditam . . . Portanto, quem quer que, dentre os homens alcance aqui a grandeza, ele a obteve, por assim dizer, como uma parte da recompensa da meditação".[45] Somente na meditação, em estado de ativa receptividade, é que podemos ouvir os murmúrios da outra margem que lançam luz sobre o nosso trabalho nesta margem, e sobre os propósitos mais elevados e mais amplos para os quais somos chamados a servir, quer seja de bom grado e atentamente, ou com má vontade e de forma desatenta.

O que quer que possamos estudar desde o nosso ponto de vista – quer seja o Universo, o homem ou Deus – foi produzido no mínimo parcialmente de acordo com os *nossos* planos; é algo que pode ser *compelido por nós* a dar respostas às *nossas* perguntas. Não pode ser superior a nós. Aquilo que é superior não pode ser coagido ou violado por nós. Podemos preparar-nos para ele e esperar, ativamente, fazendo esforço sem violência, para o que puder ser concedido. "Ninguém conhece o Pai senão o Filho e aquele a quem o Filho o quiser revelar".[46]

Segundo a literatura, parece que lampejos momentâneos de percepção podem ocorrer àqueles que não estão de todo preparados para recebê-los. Eles também podem ser forçados por meios violentos, tais como o uso de certas drogas e algumas práticas envolvendo exercícios de respiração. Todas as autoridades espirituais alertaram contra tais meios, pois a violência contra o Espírito é a própria essência do mal. É muito duvidoso que as experiências obtidas tenham algum valor real, a menos que acompanhadas por uma mudança de atitude que se distancie da autogratificação. São somente as nossas manias de excitação e tendência para tomar atalhos que nos fazem supor que experiências culminantes tais como os êxtases místicos sejam a essência e o propósito da Auto-realização, e depois insistir que essas experiências sejam similares àquelas induzidas por drogas.

Aquilo que pertence ao Espírito somente pode ser conhecido ao se dar lugar para que ele cresça e se manifeste. Nenhuma especulação, argumentação ou agressão pode nos auxiliar a apropriarmo-nos do Espírito; o que podemos fazer é nos prepararmos de modo que possamos ser apropriados pelo Espírito. "Descobrir ou conhecer Deus realmente por quaisquer provas externas, ou por qualquer coisa que não o próprio Deus tornado manifesto e auto-evidente em você", escreve o místico inglês William Law, "nunca será o seu caso, nem aqui nem após a morte, pois nem Deus, nem o céu, nem o inferno, nem o diabo, nem a carne podem de qualquer outra forma ser cognoscíveis em você ou para você senão por sua própria existência e manifestação em você. E todo pretenso conhecimento de qualquer uma destas coisas, além de e sem esta sensibilidade auto-evidente de seu nascimento dentro de você, é apenas um conhecimento tal como aquele que o cego possui da luz que nunca entrou nele".[47]

O movimento de si mesmo em direção ao Eu é uma escalada ao longo da hierarquia do ser e da consciência. Somente este vir-a-ser constitui o genuíno conhecimento do divino. A teologia não pode ser meramente uma investigação racional, científica; ela é transformação como um todo. Um crescimento interior e um desenvolvimento em direção à divindade são essenciais se quisermos nos aproximar das verdades que estão em níveis superiores. Como diz uma escritura hindu, "ninguém que não seja em si mesmo divino pode adorar com êxito a divindade".[48] Jesus Cristo disse: "Ninguém subiu ao céu, a não ser aquele que desceu do céu, o Filho do Homem".[49]

Preparação

Em qualquer tipo de aprendizado a quantidade de verdade acessível a um estudante depende do treinamento e preparação que ele teve. Se alguém que não fosse um físico se deparasse com uma equação como $G_{uv}=8\pi T_{uv}$, ele não teria a mínima idéia do que se trata. Se fosse informado que estas são as famosas equações de campo na Teoria da Relatividade Geral de Einstein, relacionando a curvatura espaço-tempo com a distribuição da densidade massa-energia, achará divertido, ficará intrigado ou perturbado, mas não poderá compreendê-las com suas noções comuns de tempo, curvatura ou energia. Um longo treino e formação científicos são necessários para se compreender plenamente o significado, importância e limitações destas equações.[50] Presumivelmente, as supremas identidades tais como "*Ātman* é *Brahman*" e "Meu Pai e eu somos um" não são fáceis de compreender sem uma reta preparação. Cada tradição espiritual enfatiza um treinamento longo e duro a fim de se compreender suas grandes formulações. Entretanto, ao contrário da compreensão científica ou filosófica, a compreensão espiritual não é apenas intelectual e externa; não é completa a menos que o aspirante verifique estas formulações em sua própria experiência, no íntimo de seu ser.

No saber espiritual o próprio estudante é igualmente o sujeito e o objeto, como também o lugar onde este conhecimento ocorre. A preparação aqui requerida é a afinação e sensibilização de seu instrumento, de si próprio. O treinamento espiritual não é apenas o de uma parte da pessoa, mas de toda ela – corpo, mente e alma. Somente quando nossas partes separadas são levadas a alguma integração é que podemos prestar atenção e aguardar o que é superior. Como um *Upanishad* diz,

> Um homem não poderá conhecê-lo através do aprendizado, se não desistir do mal, se não controlar seus sentidos, se não acalmar sua mente e se não praticar a meditação.[51]

A evolução espiritual requer o abandono de nossa auto-importância e outras ilusões acalentadas que nos dificultam ver a realidade. ''A libertação é alcançada pela sabedoria'', diz Shankara, ''mas a sabedoria não surge sem a purificação do coração''. Muitos instrutores indicaram alguns hábitos e propriedades que fortalecem nossos laços de ignorância os quais nos mantêm presos e aflitos. Estes são pecados no sentido de que ''o que peca prejudica-se a si mesmo''.[52] A ênfase posta em um ou mais destes tem variado conforme as necessidades de seus discípulos. Incluem os sete pecados mortais do Cristianismo – orgulho, inveja, ira, desânimo, avareza, gula e luxúria.[53] No *Bhagavad Gita* todos estes são mencionados entre ''as qualidades demoníacas que conduzem à escravidão'', mas três em particular – luxúria, ira e cobiça – são declaradas ''constituírem o tríplice portal para o inferno''.[54] Ramakrishna repetidamente advertiu seus discípulos contra a luxúria e a cobiça como sendo os dois maiores obstáculos ao desenvolvimento espiritual. Gurdjieff considerava a vaidade e o amor próprio como os dois principais agentes do demônio.

Siddhartha, o futuro Buda, em meio aos esforços espirituais, foi abordado e tentado a abandonar a grande luta por *Mara*, o

Maligno, acompanhado por suas hostes, a saber, luxúria, descontentamento, fome e sede, apego, indolência e preguiça, covardia, dúvida, hipocrisia e estupidez, ganância, fama, honra e glória falsamente obtidas, exaltação do eu e desprezo dos outros. Há diversas outras lendas relativas à tentação e ameaças de *Mara* para desviar o Buda de sua *senda*, que incluem a soberania universal, dano ao corpo e morte, desejo de transmutar os *Himalaias* em ouro.[55] Tentações semelhantes foram enfrentadas por Jesus quando foi levado pelo Espírito através do deserto durante quarenta dias.[56]

Com tantas armadilhas e tentações, não é de admirar que o caminho espiritual seja sempre considerado muito difícil. O *Katha Upanishad* (1.3:14) afirma ser a *senda* "afiada como a lâmina de uma navalha". O *Dhammapada* (6:85) nos diz que "poucos homens alcançam a outra margem".[57] "Entrai pela porta estreita, porque largo e espaçoso é o caminho que conduz à perdição. E muitos são os que entram por ele. Estreita, porém, é a porta e apertado o caminho que conduz à Vida. E poucos são os que o encontram".[58] O próprio Jesus no Getsêmani duvidou se podia suportar o sacrifício final. "Meu Pai, se é possível, que passe de mim este cálice; contudo, não seja como eu quero, mas como Tu queres".[59]

Assim como há qualidades conducentes à escravidão, há outras que ajudam na libertação. Não se deve compreender, entretanto, que há pecados a serem vencidos e virtudes a serem adquiridas e, então, automaticamente, se está livre. Várias virtudes identificam um homem livre; são suas características. Assim é como reconhecemos um homem liberto, do mesmo modo que conhecemos uma pessoa como demoníaca se possui qualidades como hipocrisia, arrogância, orgulho, ira, aspereza e ignorância. De modo similar, aquele que é naturalmente dotado de virtudes divinas é destemido, puro de coração, firme no exercício da sabedoria, generoso, autocontrolado, asceta, correto, não-violento, veraz, livre de ira, em paz, refratário à calúnia, livre de cobiça importunante, gentil, modesto, ardente, paciente, tolerante, puro, livre de malícia e orgulho.[60]

Transformação Radical

O fato de que o esforço ético é necessário no desenvolvimento espiritual da pessoa não significa que aquilo que uma pessoa busca e para o qual se prepara seja um estado ético. Junto com a dicotomia conceitual, entre outras, a oposição ética do bem e do mal é também transcendida pelo sábio liberto. "Ele não é afetado pelo bem ou mal porque então ultrapassou todas as tristezas do coração", diz um *Upanishad*.[61] Como Eckhart disse, "nem o vício nem a virtude entraram nele".[62] Ou, como outro *Upanishad* diz: Somos nós que podemos interpretar as ações do sábio como "boas" e o seu comportamento como dando algum significado para as nossas noções de "virtude". Ele não está circunscrito pelos nossos padrões porque está livre deles. Nossas leis não o governam. Ao contrário de nós, ele age espontaneamente com base em sua própria natureza interna, tendo cessado a lei.

Enquanto agirmos no nível do ego, cada "ato virtuoso" se torna amargo. Qualquer coisa – boas ações, caridade, serviço aos outros, erudição, meditação – pode ser pressionada ao serviço do ego; estas atividades podem ser guiadas por aparência, orgulho, vaidade, inveja, medo ou cobiça. As recompensas pelas quais ansiamos podem estar neste mundo ou no além, de acordo com nossa imaginação. Embora todos os instrutores espirituais tenham aconselhado boas ações e serviço aos outros, repetidamente salientaram que fundamental é a reorientação interna; devemos primeiro buscar o reino de Deus, o que unicamente nos permite ver o que necessitamos fazer e como. Um aspirante trabalha e se esforça não a fim de transformar primeiro o mundo, mas a fim de transformar a si próprio; enquanto ele permanecer como é, não poderá produzir qualquer mudança essencial, seja no que for. Um homem deveria primeiro ser depurado de todo egotismo antes de se qualificar para auxiliar o mundo. É mais fácil pretender auxiliar os outros do que compreender que é necessário auxiliar a si mesmo. Quando se é levado pelo apego ao nome e à fama, riqueza e poder, aprovação e aceitação, ou se visa ganhar o céu e a salvação, não se sabe como auxiliar os outros; a maioria dos sonhos e revoluções utópicos são frustrantes. A revolução básica é a revolução em si mesmo. Krishnamurti disse-o bem:

> A mudança dentro do padrão não é mudança alguma. Somente desvencilhando-se do padrão social sem construir outro pode você "auxiliar" a sociedade. Enquanto você pertencer à sociedade, está apenas auxiliando-a a se deteriorar. Todas as sociedades, incluindo as mais maravilhosamente utópicas, têm dentro de si as sementes de sua própria decadência. Para mudar a sociedade você deve desvencilhar-se dela. Você cessa de ser o que a sociedade é: aquisitiva, ambiciosa, invejosa, em busca de poder e assim por diante.[63]

Lutando com nossa própria natureza inferior, podemos começar a reconhecer a nossa situação e descobrir o que mantém a nossa visão obscurecida. É como se necessitássemos abrir outra porta de percepção a fim de ter vislumbres de realidade que não podemos ver do modo como somos. Temos de descobrir e ver com o nosso terceiro olho porque os olhos físicos vêem apenas vagamente. É somente este terceiro que pode ver o sol oculto, pois "para qualquer visão deve ser trazido um olho adaptado ao que há de ser visto e com ele tendo semelhança. Jamais o olho viu o sol a menos que se tornasse semelhante ao sol, e jamais pode a alma ter uma visão da Beleza Primeira a menos que ela própria fosse bela."[64]

O esforço requerido para despertar é particularmente difícil no começo, como também acontece quando se levanta do sono comum. Todas as forças soporíficas de letargia e ignorância parecem redobrar suas atividades já no primeiro passo, visando revelar a pequena quantidade de ouro puro necessário para que mais ouro seja obtido dos metais mais grosseiros. Isto foi claramente visto por alguns dos alquimistas em suas alegorias metalúrgicas para a transformação do homem. Somente "àquele que tem será dado mais", porque "a luz é visível pela luz".[65] A pequena chama de consciência e busca que temos necessita ser protegida e alimentada; somente isto poderia nos ajudar a avivar o fogo do esforço e sofrimento no qual nossas pretensões e vaidades podem ser transmutadas.

O que é necessário é uma transformação completamente radical de nosso ser, isto é, desde as suas próprias raízes. Nenhum ajustamento social ou psicológico seria suficiente. É uma demonstração de confusão e má compreensão presumir que o objetivo das *sendas* espirituais tais como *Yoga*, Zen, Sufismo seja o mesmo das modernas escolas de psicoterapia. Isto não significa dizer que as primeiras não tenham muito valor terapêutico. A saúde mental pode advir da *Yoga*, mas esse não é o seu objetivo; de qualquer forma, a saúde mental é um pré-requisito para um estudo sério da *Yoga*. Todas as escolas psicoterapêuticas buscam o funcionamento adequado e auto-suficiente de uma pessoa dentro de uma estrutura sócio-cultural, enquanto que as escolas espirituais buscam a total reorientação do indivíduo como um todo para uma finalidade transcendente, isto é, uma finalidade diferente da sua própria.[66] O *Espiritual* refere-se somente àquilo que pertence ao Espírito, acima e além de qualquer consciência, da psique, ego ou alma.

A cura relacionada com as *sendas* espirituais é a da totalidade e santidade. Não é a neurose pessoal ou o defeito da personalidade que a *Yoga* deseja curar; é toda a condição humana que interessa; a enfermidade, se assim se pode falar, surge do próprio fato de sermos humanos. Como São Paulo disse, "pois o nosso combate não é contra o sangue nem contra a carne, mas contra os Principados, contra as Potestades, contra os dominadores deste mundo de trevas, contra os espíritos do mal que povoam as regiões celestiais".[67]

Reconciliando os Opostos

Entretanto não se luta contra estas grandes forças unilateralmente, ou apenas com nossas próprias forças. A força ascendente também é mais do que pessoal. O homem está entre estas duas grandes forças; ele vem à existência devido à sua interação e sempre está sujeito a elas. A vida do homem é como o rio que conecta as duas margens de seu ser; ambas são necessárias para que a existência de um homem tenha uma forma definida. O *Bhagavad Gita* fala de duas tendências principais – divina e demoníaca, ou ascendente e descendente. Ambas formulam exigências e criam compulsões. Em função do sistema hierárquico, completamente carregado de valores, de todos os ensinamentos espirituais, deveríamos reconhecer uma exigência como *chamado* e a outra como *tentação*. O homem encontra-se entre estas duas correntes; sua única escolha parece alinhar-se quer seja com uma ou com a outra, lembrando, naturalmente, como disse Jesus Cristo, que "quem não está a meu favor, está contra mim, e quem não se reúne a mim, dispersa".[68]

Entre as tentações mais sutis ao longo de qualquer *senda* espiritual estão os poderes psíquicos que com freqüência parecem acompanhar a prática. Sem a apropriada orientação interior ou exterior, a possibilidade de manipulação egoísta destes poderes é imensa. Um tal uso pessoal destes poderes é a essência da magia negra, e é preciso estar constantemente em guarda contra a apropriação indébita. Os poderes psíquicos, assim como os atléticos, pertencem à natureza material no homem, exceto pelo fato de que pertencem a uma parte mais sutil da Natureza. Todas as grandes autoridades espirituais alertaram contra a excessiva fascinação com estes poderes. Esta fascinação pode desviar a pessoa da verdadeira *senda* que conduz à Fonte, pelo envolvimento com efeitos colaterais interessantes. O aumento de poder sem o correspondente desenvolvimento de sabedoria e humildade está fadado a conduzir à destruição.

A história parece sugerir a operação de leis definidas através das quais os impulsos sagrados dados pelos grandes instrutores espirituais podem mudar de direção e até mesmo reverterem-se completamente. Uma corrupção dos ensinamentos parece inevitável, a menos que, pelos esforços conscientes dos seguidores, os impulsos originais sejam mantidos livres de desvio ou dissipação. Sempre que tomamos um ensinamento de maneira parcial, como fazemos quando vemos meramente de forma analítica ou sentimental, nós o distorcemos e preparamos o caminho para sua degeneração. Assim, convertemos o reconhecimento de nosso nada-tal-como-somos em desânimo e fatalismo; a idéia do estado de consciência além do bem e do mal em uma metafísica de licenciosidade; autoentrega em automortificação; o estado além da lógica em irracionalidade; a busca do Eu na busca egoísta de salvação pessoal; transcendência da mundanalidade em fuga do mundo; desapego dos frutos da ação em inação. Todos estes surgem porque raciocinamos em termos de dualidades em uma única dimensão. Assim estabelecemos oposições rígidas entre a carne e o Espírito, *maya* e *Brahman*, *samsara* e *nirvana*, mundo e Deus, eu e Eu, como se ambos estivessem no mesmo nível e um deles devesse ser eliminado a fim de reconhecer o outro.

Ao invés da exclusão de um ou de outro, o que é preciso é o "re-centrar" de nós mesmos. Nossos esforços e busca do Eu são dentro e através do eu. *Sagrado e profano* não são categorias ontológicas; são atitudes psicológicas. "Nossa própria mente, na verdade, é *samsara* (mundo); que um homem a limpe pelo esforço".[69] Nada há que não seja santo e nada inalienavelmente em conflito com o que é santo. Há apenas pontos de vista sagrados e profanos: um é espiritual, abrangente e integrativo; o outro é egoísta, parcial e exclusivista. E os dois estão engajados em uma batalha dentro e pela nossa própria alma. Podemos nos deixar arrastar até o nível da animalidade em nós, ou podemos fazer esforços para abrir-nos a fim de sermos transformados em um ser superior. Quem está centrado no Espírito não cessa de viver e trabalhar no mundo; nele tais contradições estão resolvidas. Nascido do Espírito, ele se torna como o Cristo, o Deus-Homem, em quem "o mundo é reconciliado com Deus".[70] Então, como agora, *nirvana* e *samsara* são unos. Para uma pessoa espiritualizada e tornada completa, o verdadeiro desfrute do mundo pode começar, e ela pode ser um sacerdote no "casamento do céu e do inferno" (Blake), pois "todo aquele que nasceu de Deus não peca".[71]

Transformação Espiritual

Nós, entretanto, deste lado do véu, não estamos reconciliados dentro de nós mesmos. Para nós nem a jornada nem a lei terminaram. E nenhum truque verbal pode nos libertar do anzol de contradição no qual nos contorcemos e debatemos, morrendo lentamente. As religiões, filosofias, ciências e psicologias, tal como estão disponíveis na era presente, não parecem dirigir-se aos detalhes práticos do movimento para um outro ponto, ao longo do eixo vertical do ser, do qual, apenas, uma outra visão pode tornar-se possível. Quando sequer mencionam estes assuntos, o que oferecem são conforto ou resignação, "experiências culminantes" ou amnésia, e, sobretudo, labirintos de palavras e fatos. Na chamada explosão de conhecimento, há palavras sobre fatos, fatos e palavras, freqüentemente significando pouco de verdadeiro valor. Enquanto não nos ajudar a despertar, toda conversa erudita é o que Gurdjieff chamou de "derramando-do-nada-no-vazio".[72]

Se estamos sobretudo interessados em ser ao invés de falar, na experiência ao invés de na explicação, em saber quem somos ao invés de conquistar posições, discussões e convertidos, necessitamos é de uma *senda* de transformação espiritual ao invés de um sistema de conversa teológica. Como podemos ser eruditamente loquazes sobre a questão da identidade de *Ātman* e *Brahman* quando não temos experiência nem de um nem de outro? Será que algo vital depende de nossa crença ou descrença na doutrina da trindade? Será que nosso problema é que de fato não sabemos o que o Cristo e o Buda efetivamente disseram? O que faremos quando as revistas especializadas do próximo mês apresentarem as dissertações eruditas dos professores de teologia sobre Deus ou *nirvana* ou *maya*? Talvez Deus esteja vivo este ano ou talvez esteja morto; transcendente ou imanente; revolucionário ou evolucionário; talvez feminino ou negro; talvez hindu ou cristão ou ecumênico; nós ainda sofremos, com vislumbres ocasionais da armadilha na qual nos encontramos, não sabendo porque estamos nela e nem como dela escapar. A armadilha é a do não-ser e do não-percebimento; a saída deve nos ensinar como ser e como conhecer.

O caminho deve começar onde estamos, não de algum outro lugar ideal. O ideal pode dar significado e direção ao caminho por sua presença e desafio; mas nós, que sofremos pelo precipício que nos separa do ideal, temos de aprender a aproximarmo-nos dele. Como nós somos, o pico da montanha do ser não pode estar muito claro para nós; tudo o que podemos ter são teorias, idéias e imaginações. Uma dissipação ocasional da neblina revela as encostas inferiores, e nossa razão fica desconsertada. A menos que estejamos atentos e em guarda, nossa mente possessiva começa a filosofar a fim de capturar e moldar o desconhecido de acordo com suas próprias idéias. Espantados, lutamos pela segurança de alguma teoria, doutrina ou argumento do qual possamos nos apropriar. A menos que estejamos engajados na luta prática de reorientar a nós mesmos – corpo, mente e alma – ao que é superior, *nirvana* e Deus, dentro e acima, permanecem apenas como muletas para segurança, embora possamos falar sobre eles com muita erudição e sentimento. "O Reino de Deus não consiste em palavras, mas em poder", diz São Paulo.[73] Temos o conselho de todas as tradições espirituais para deixar de lado as vãs especulações e teorias e caminhar ao longo do fio da lâmina da vida, nem negando nem afirmando, nem acreditando nem duvidando, mas tentando estar presentes na experiência de nós mesmos e do que quer que seja.

Em nossas buscas – quer sejamos do Oriente ou do Ocidente – tateamos na mesma área de escuridão: ignorância de nós mesmos e de nosso lugar, e do propósito no cosmos. Quando nossas perguntas são sérias, elas não podem ter o tipo de respostas que podem ser dadas em livros, sistemas ou religiões. Quando estamos quietos e escutando a nós mesmos, sabemos que não temos escolha: devemos tentar responder a estas perguntas; elas contêm todas as nossas possibilidades essenciais. Tradições e instrutores podem nos amparar e apontar o caminho para um outro modo de existência, mas somos nós que devemos trilhar a *senda*; é nossa cruz e nossa oportunidade.

Devemos começar não da metafísica mas da experiência, reconhecendo a nós mesmos como somos: desintegrados, confusos e sem vontade, "como a palha que o vento dispersa".[74] Não queremos manter em vista o horror de nossa situação e continuamos a imaginar que somos alguém importante e a construir fantásticas teorias sobre nosso livre arbítrio, nossas almas imortais e a vida no além. Desde o nosso próprio nascimento, estamos sujeitos a esta psicose de massa, a esta recusa em encarar a condição humana, engajando-nos em atividade frenética, acumulando informações, posses e prazeres. Completamente obstinados e autocentrados, somos propensos à auto-expressão e ao autopreechimento; e contudo estamos com medo de conhecer a nós mesmos. Quando olhamos para nós mesmos com autocomiseração e autojustificação, nos encontramos enredados e conflituados, fazendo o que não queremos fazer e dizendo o que não queremos dizer. "Realmente não consigo entender o que faço, pois não pratico o que quero, mas faço o que detesto", diz São Paulo. "Com efeito, não faço o bem que eu quero, mas pratico o mal que não quero".[75] Em situação similar, Arjuna pergunta no *Bhagavad Gita*, "Mas dize-me, ó Senhor, que força misteriosa é essa que, muitas vezes, parece obrigar o homem a praticar um mal até contra a própria vontade?"[76]

Um reconhecimento das compulsões sob as quais vivemos, de nossas aflições e sofrimentos, nossa condição pecadora, nossa natureza inferior, é o primeiro rasgão na mortalha de ilusões com a qual nos cobrimos. No isolamento de nosso auto-exílio, imaginamo-nos como o rei do castelo, o qual nos esforçamos duramente para proteger. Se nos virmos flagelando a nós mesmos em nossa agitação diária, completamente sob o domínio de forças sobre as quais não temos controle algum, podemos começar a compreender e aceitar o fato de nossa insignificância. Quando nossa alma vê sua verdadeira face no espelho do Espírito, ela sabe o que necessita ser feito. Guiados por nossa consciência e auxiliados por influências superiores, podemos permitir uma transformação de nós mesmos e tornar-nos "fundidos e não confundidos" (Eckhart).

Quando um homem começa a despertar, não mais está em paz consigo mesmo. A paz é para aqueles que estão ou profundamente adormecidos ou plenamente despertos. No entremeio está a luta: um passo adiante, um descuido, uma queda, um outro momento de visão – o desconhecido brincando de esconde-esconde com o conhecido. Neste ritual da vida, o meu pequeno ego é o animal de sacrifício. Meu eu machucado quer que eu fuja e encontre abrigo. Mas o remorso da consciência vagamente percebida continua a me corroer por minhas covardia, cegueira e mentiras. O Uno que chama olha impassível e sem piedade para minha hesitação e apego ao meu vazio e sofrimento.

Do outro lado do rio o som da flauta chama e pergunta:

"O que você busca?"
"O que você serve?"
"Como?"

Notas e Referências

As citações bíblicas são da Bíblia de Jerusalém

Capítulo 1

01 Em *Fragmentos de um Ensinamento Desconhecido,* de P. D. Ouspensky (Ed. Pensamento).

02 *The Gospel* of Shri Ramakrishna, traduzido como uma introdução pelo Swami Nikhilananda (Madras: Mylapore, 1947), p. 170.

03 Salmos 82:6; II Pedro 1:4; I João 3:1-2. Também São Atanásio, "Ele se tornou homem para que possamos ser tornados Deus" *(Athan. Orat. de Incarn. Verbi. Tom.* 1, p. 108)

04 Mateus 16:24.

05 T. S. Elliot em "East Coker" em *Four Quartets* (Londres: Faber e Faber, 1966), p. 32.

06 *Theologia Germanica*, capitulo 34.

07 João 18:36.

08 Tiago 4:4 e I João 2:15

09 João 17:15.

10 Mateus 16:26

11 João 3:7-8

12 *Maitri Upanishad* 3:2.

13 *Bhagavad Gita*

14 João 8:28; 8:50; 14:10

15 Veja René Guénon, *The Crisis of the Modern World*, (A Crise do Mundo Moderno) trad. por A. Osborne (Londres: Luzac & Co., 1942), capitulo V, para uma discussão deste ponto.

16 Martin Buber, *Ten Rungs: Hasidic Sayings* (Dez Degraus: Ditados Hassidicos) (Nova Iorque: Schocken Press, 1947), p. 103. Este "eu sou" egoísta é inteiramente diferente do "EU SOU" da plenitude do ser pronunciado, por exemplo, em Êxodo 3:14 ou pelo Cristo em muitos lugares no Evangelho de João.

17 *Buddhi*, que constitui a mais sutil e a mais elevada faculdade no homem, não é traduzida facilmente. Ao traduzir a parábola da carruagem no *Katha Upanishad* (1.3 :3-4), Radhakrishnan (*The Principal Upanishads*; Nova Iorque : Harper & Brothers, 1953, p. 623) o apresenta como intelecto; Aurobindo (*Eight Upanishads*; Pondicherry: Sri Aurobindo Ashram, 1965, p. 49) como Razão, Zimmer (As Filosofias da Índia, Editora Palas Athena) por discernimento e percebimento intuitivos, Zaehner (*The Bhagavad Gita*; Oxford University Press, 1969, p.238) por alma. (A autoridade de Zaehner para esta tradução está baseada na passagem 2:41 do *Gita*, na qual é declarado que a essência de *buddhi* é vontade, a qual, na tradição cristã, é inerente à "alma".) Em outros lugares, estes e outros autores empregam outras palavras para traduzir *buddhi*. Algumas destas são: sabedoria, consciência, percebimento. A raiz verbal *budh* significa "despertar; acordar; prestar atenção, cuidar; perceber, notar, aprender, compreender, tornar-se cônscio de; ter a percepção de, compreender completamente". *Buddhi* então significa retornar à consciência; presença de mente, intenções, propósito, desígnio; percepção, compreensão; intelecto, entendimento, inteligência, talento; discriminação, juízo e discernimento. No *Sankhya-Karika* (23) *buddhi* é definido como *adhyayasaya*, isto é, "determinação, resolução, esforço mental; cognição, percebimento".

Buddhi está acima de *manas* (*mente*, faculdade pensante, raciocínio) e abrange a totalidade das possibilidades emocionais e intelectuais do homem. É por isso que é chamada de *mahan* (a Grande). É também conhecida como *Prajna* (sabedoria, discernimento), *dhi* (intuição, imaginação), *Khyati* (conhecimento, poder de distinguir objetos pelos nomes apropriados), *smrti* (memória, lembrança), *chitta* (abrangendo tanto as funções da faculdade de raciocínio quanto o coração, a saber, observar, pensar, desejar e pretender.) É a inteligência integrada.

É útil manter a palavra sânscrita *buddhi* porque qualquer tradução para o inglês (como para o português, N.T.) é problemática. Em meu juízo, a tradução mais próxima, em uma palavra, é alma, como distinta de mente bem como de Espírito ou Eu. Se usássemos a divisão tripartite da *psyche* feita por Plotino, o *buddhi* integrado ou purificado é o elemento mais elevado, que está dirigido à contemplação do *Nous* e do Uno; antes da purificação, *buddhi* corresponde aproximadamente ao elemento do meio que pode ser atraído para cima ou para baixo. Para uma discussão da importância de *buddhi* e *buddhi yoga* no *Bhagavad Gita* e seus paralelos no pensamento grego, ver A. H.

Armstrong e R. Ravindra, "As Dimensões do Eu: *Buddhi* no *Bhagavad Gita* e *psyche* em Plotino", *Religious Studies*, (Estudos Religiosos) vol. 15, 1979.

18 Isaías 6:69.

19 Gálatas 2:20.

20 Esta dualidade não é necessária e basicamente (ontologicamente) real. Em algumas tradições, tais como a *Vedanta Advaita* de Shankara, um tal dualismo é vigorosamente combatido. Entretanto o conflito de nossos eus superior e inferior é uma questão de experiência e pode na prática ser resolvido somente quando o inferior encontra.o seu lugar na síntese superior, que não é alcançada apenas pelo raciocínio.

21 Colossenses 1:21.

22 A palavra grega *metanóia*, comumente traduzida por arrependimento nas traduções padrão do Novo Testamento, é literalmente mudança de mente. Ver A. K. Coomaraswamy, "Sobre o estar em Nossa Verdadeira Mente", *Review of Religion*, Nova Iorque, VII, 1942, pp. 32-40, para alguma discussão.

23 Jacob Boehme, *A Dialogue between a Scholar and his Master Concerning the Supersensual Life*: (Diálogo entre o Estudante e seu Mestre sobre a Vida Supersensual) Diálogo II.

24 I Coríntios 2:16; 3:19.

25 Efésios 4:22-24; 5:14.

26 Gálatas 6:14.

27 Há uma doutrina similar em São Tomás de Aquino (Sum. Theol. 1.34.1 e 2). Evidentemente que a não-mente superconsciente referida aqui não deve ser confundida com a insensatez subconsciente da humanidade inferior.

28 Plotino, Enéadas vi. 9.10.

29 Gottam Sn. 455-6. Compare com o incidente descrito em Mateus (12:46-50) quando Cristo não reconheceu sua mãe e seus irmãos. O Buda disse: "Eu não sou alguém em parte alguma, nem há em lugar algum algo meu" (Anguttara Nikaya 2:177).

30 Hebreus 7:3.

31 Parmênides, *Diels*, Fr. 185; Plotino, *Enéadas* vi. 9.

32 T.S. Eliot "The Dry Salvages" in *Four Quartets*, op. cit.

33 Meister Eckhart: Sermão: *Adolescens, tibi dico: surge*!

34 Ludwig Wittgenstein, *Tratactus Logico Philosophicus*, proposição 6.4311. Meister Eckhart diz da eternidade: "Tudo esta em um agora presente".

35 "A Infinitude do Eu" em Sri Aurobindo, *Last Poems Pondicherry*: Sri Aurobindo Ashram, 1952).

36 *Brihadaranyaka Upanishad* II, 4:14.

37 Deuteronomy 4:24

38 Efésios 4:13.

Capítulo 2

01 Mateus 23:2-30

02 João 3:3.

03 *Majjhima Nikaya*, Sutta 63.

04 Erich Fromm, *You Shall Be as Gods* (Vocês devem Ser como Deuses)(Londres: Jonathan Cape, 1966), p. 227.

05 I João 2:9-11; 4:18-20; Mateus 7:21.

06 No original, as linhas são muito simples e belas e empregam um jogo encantador da palavra *manaka*, que significa tanto cabeça, como do coração (mente). No original, as linhas são:

Manaka pherat yug bhaya,
Bhaya na manaka phera.
Karaka manaka chandike,
Manaka manaka phera.

07 Mateus 7:29, João 3:11.

08 *One Hundred Poems of Kabir*, (Cem Poemas de Kabir) Trad. por Rabindranath Tagore, auxiliado por Evelyn Underhill (Londres: Macmillan & Co., 1967), no. XLII.

09 *Maitri Upanishad* 2:1, e João 3:8.

10 C. G. Jung, "Comentário Psicológico sobre o Livro Tibetano da Grande Libertação", em seu *Psicologia da Religião Ocidental* e *Oriental*, Ed. Vozes, pp.487-88.

11 Swami Sardananda, Shri Ramakrishna Lilāprasang (Calcutá: Udobhodan Office, 1955), pp.319-20.

12 William Blake, *The Everlasting Gospel*, (O Evangelho Eterno), a.

Capítulo 3

01 Swami Prabhavananda, *The Spiritual Heritage of India* (A Herança Espiritual da Índia) (Nova Iorque: Doubleday, 1963), p. 67.

02 *Mandukya Upanishad* em Os *Upanishads* – Sopro Vital do Eterno, Ed. Pensamento, p. 68.

03 *Mandukya Upanishad*, *Chandogya Upanishad*, op. cit. pp. 67 e 90.

04 S. N. Dasgupta, *Hindu Mysticism* (Misticismo Hindu) (Nova Iorque: Freidrich Ungar Publ., 1959), p. 3.

05 *Rig Veda*, 6.5.

06 Dasgupta, op. cit., pp. 3-30.

07 A deusa *Vak* (Fala) ocupa um lugar muito importante nos *Vedas*. *Vak* poderia ser considerada como acompanhando e apoiando todos os deuses, e alcançando até onde quer que o poder mágico de *Brahman* se estenda. A idéia contém uma semelhança ao Verbo de Deus como personificado na Sabedoria de Salomão e o logos de Filon, mas não levou ao mesmo desenvolvimento em doutrina cosmogênica. *Vak* aparece no *Rig Veda* como um poder divino feminino ativo concedendo graça aos mortais. No período bramânico posterior, *Vak* torna-se cada vez mais como o Logos grego.

08 Estes eventos são sobrenaturais apenas no sentido de serem sobrenormais, isto é, incomuns, pouco usuais e extraordinários. Santo Agostinho faz uma distinção útil quando diz que não devemos considerar maravilhas e sinais como "contrários à Natureza", mas apenas "contrário àquilo que é conhecido da Natureza" (*A Cidade de Deus*, Livro XXI, Cap. VIII, Ed. Vozes).

09 Dasgupta, op. cit., pp. 9-18.

10 De acordo com as noções indianas de tempo e transmigração, na realidade, todo ser – humano, deus ou demônio – é imortal no sentido de que sua existência continua infinitamente no tempo, sujeito a sucessivos nascimentos e mortes para sempre. Portanto, o que um aspirante espiritual busca está além da mera imortalidade; ele almeja uma existência em uma esfera eterna onde não há nascimento nem morte. Na estória de Harinyakashipa, entretanto, a palavra imortal significa existência continuada no mesmo corpo.

11 *Brihadaranyaka Upanishad*, op. cit., p. 108.

12 *Atharva Veda* 12.3.13.

13 Tanto a imortalidade quanto a morte são suas sombras e não sua substância, estando ele na realidade acima e além de ambas.

14 *Rig Veda* X.129, 6-7.

15 *Katha Upanishad*, op. cit., pp. 42 e 43.

16 *Mundaka Upanishad*, op. cit., p. 64.

17 *Katha Upanishad*, op. cit., pp. 38, 40 e 41.

18 Os *Upanishads* são também uma parte dos *Vedas*, que, por sua vez, são geralmente divididos em quatro partes: os *Samhitas* (hinos), os *Brahmanas* (textos rituais), os *Aranyakas* (tratados da floresta) e os *Upanishads* (discursos filosóficos).

19 Os *Vedanta* Sutras são também conhecidos como *Brahma Sutras* porque eles expõem a filosofia de *Brahman*, e como *Shariraka Sutras* por que tratam com a natureza do *Ātman* incondicionado, incorporado na forma humana.

20 A distinção entre *Ishwara* e *Brahman* é muito semelhante à distinção de Paul Tillich entre Deus e Deus-além de-Deus, e Deus e Deitas de Eckhart.

21 A. K. Coomaraswamy, *Hinduism and Buddhism* (Hinduísmo e Budismo) (Nova Iorque: Philosophical Library, s.d.), p. 54n.

22 *Dhammapada* 160.

23 *Samyutta-Nikaya* III.143.

24 Ver A. K. Coomaraswamy, op. cit., para uma sucinta defesa da tese de que a tradição budista é essencialmente uma continuação da tradição bramânica.

25 Swami Sardananda, op. cit., pp. 319-20.

26 Swami Vivekananda, *The Complete Works of Swami Vivekananda*, (Obras Completas de Swami Vivekananda) vol. IV (*Mayavati: Advaita Ashram*, 1932), pp. 182-3.

27 *Anguttara-Nikaya IV.*

28 *Maha-paranibbana Sutta* II.33.

Capítulo 4

01 Salmos 121.

02 *Hagiga* 5a e *Sanhedrin* 38b; citados em E. Fromm, op. cit., p. 172. Ele prossegue dizendo que "a tradição rabínica é bem cônscia da diferença no uso de YHWH (O Senhor) e Elohim (Deus). Enquanto que os críticos modernos das Escrituras têm usado esta diferença como a chave para descobrir as fontes literárias básicas da Bíblia, a visão rabínica fez esta interpretação: YHWH denota Deus sob Seu atributo de compaixão; Elohim sob o atributo de justiça".

03 Gênesis 17:1-2; 15:1.

04 Martin Buber, *The Prophetic Faith* (A Fé Profética)(Nova Iorque: Harper and Row, 1960), pp. 35-36.

05 Ibid., p. 36.

06 Do grego *prophetes*, falar por, ser um instrumento de.

07 Jeremias 1:9.

08 Êxodo, 3:9-20.

09 Gênesis 32:28.

10 Por exemplo, em Êxodo 32:27 e Mateus 15:31.

11 Mateus 15:24.

12 Huston Smith, *The Religions of Man* (As Religiões dos Homens) (Nova Iorque: Harper Torchbook, 1961), ver especialmente pp. 7-12.

13 Ver Rudolf Bultmann, *Primitive Christianity* (Cristianismo Primitivo)(Londres: Collins, 1956), p. 223.

14 Por exemplo, Martin Buber, *Two Types of Faith* (Dois Tipos de Fé)(Nova Iorque: Harper Torchbook, 1961), ver especialmente pp. 7-12.

15 Êxodo 3:14.

16 Romanos 14:23.

17 Com referência ao Cristianismo, ver Bultmann, op. cit., p. 239.

18 Gênesis 3:22-24.

19 Pelo menos assim é com Paulo; ver Bultmann, op. cit., nota de rodapé na p. 239.

20 Eclesiastes 12:13-14.

21 Gênesis 3:1-9.

22 Isaías 40:6-8.

23 Citado por C. G. Jung, op. cit., p. 488. Sentimentos similares são expressos em Jó (9:1) e Romanos (3:20).

24 Entretanto, ver E. Fromm, op. cit., para uma interpretação radicalmente diferente do Antigo Testamento.

25 1 Tessalonicenses 5:17.

26 João 10:30-33.

27 Ver R. C. Zaehner, *The Comparison of Religions* (A Comparação das Religiões)(Boston: Beacon Press, 1962), p. 171.

28 Soren Kierkegaard, "A Necessidade que o Homem tem de Deus Constitui sua Suprema Perfeição" em seu *Edifying Discourses* (Dircursos Edificantes) (Nova Iorque: Fontana Books, 1958), p. 151.

29 Hebreus 11:1.

30 Salmos 46:1.

31 Salmos 62:1, 5-6.

32 1 Coríntios 13:13.

33 Ver Rudolf Bultmann, op. cit., p. 94.

34 Marcos 1:15.

35 Mateus 19:27-29.

36 Mateus 23:33.

37 1 Coríntios 13:13.

38 Tiago 2:14, 19-20.

39 Mateus 25:34-40. *A Bíblia de Jerusalém*, Edições Paulinas, 1985.

40 1 Coríntios 13:3,8.

41 João 3:16.

42 Esta tradução particular de Filipenses 2:6-8 é de J. B. Phillips, *The New Testament in Modern English* (O Novo Testamento em Inglês Moderno) (Londres: Geoffrey Bles, 1960), pp. 412-13.

43 João 15:13.

44 Deuteronômio 6:5.

45 Deuteronômio 7:8.

46 Deuteronômio 10:12.

47 Deuteronômio 10:12, 13, 20; 11:1, 22:13:5, 14; 19:9.

48 Levítico 19:2; Mateus 5:48; Lucas 6:36.

49 Mateus 22:36-40.

50 Gálatas 5:14.

51 Romanos 7:5; Atos 3:10.

52 Mateus 18:3.

53 Colossenses 2:19.

54 2 Coríntios 5:6; Lucas 13:3.

55 Mateus 6:28-33. A Bíblia de Jerusalém, op. cit.

Capítulo 5

01 Salmos 119:19; João 17:14-16.

02 Alexei Tolstoi, *Memories of a Mad Man*, trad. por A. Maude (Memórias de Um Louco)(Nova Iorque: World Classics, s.d.).

03 Citado por S. Radhakrishnan, "O Enfoque Indiano do Problema Religioso" em C.A. Moore, ed., *The Indian Mind* (A Mente Indiana)(Honolulu: East-West Centre Press, 1967), p. 75.

04 1 João 5:19.

05 Para uma breve discussão do paralelismo entre o pensamento existencialista e o indiano ver K. Guru Dutt, *Existentialism and Indian Thought* (O Existencialismo e o Pensamento Indiano) (Nova Iorque: Wisdom Library, 1960), p. 50. Para uma discussão dos pensamentos de Gabriel Marcel e do Buda ver Sally Donnelly, "Marcel e Buda: uma Metafísica da Iluminação", *The Journal of Religious Thought XXIV* (Revista do Pensamento Religioso)(1967-68), pp. 51-81.

06 Romanos 7:24.

07 *Brihadaranyaka Upanishad*, op. cit., p. 107.

08 Citado em Colin Wilson, *The Outsider* (Londres: Pan Books, 1963), p.25.

09 Citado em Nancy Wilson Ross, ed., *The World of Zen* (O Mundo do Zen) (Nova Iorque: Random House, 1960), p. 239.

10 Ver Romanos 5:12-14 e Salmos 51:5 para exemplos.

11 1 Pedro 2:11, 1 Crônicas 29:15; Hebreus 13:14; 11:10.

12 Rabindranath Tagore, *Gitanjali* (com uma introdução de W. B. Yeats) (Boston: International Pocket Library, s.d.), poema 30.

13 Romanos 14:23.

14 Marcos 14:36.

15 Lucas 18:10-14.

16 Citado em S. Radhakrishnan, *The Principal Upanishads* (Os Principais *Upanishades*) (Nova Iorque: Harper & Brothers, 1953), p. 128, nota de rodapé 3.

17 Citado em N. W. Ross, op. cit., p. 248.

18 Sri Aurobindo, "O Convidado", em seu *Last Poems* (Últimos Poemas) (Pondicherry: Sri Aurobindo Ashram, 1952).

19 *Shiva Gita* 13:32.

20 *One Hundred Poems of Kabir*, op. cit., poema III.

21 *Mandukya Upanishad*, op. cit., p. 68.

22 *Mundaka Upanishad*, op. cit. p. 59.

23 *Dhammapada*, op. cit., p. 47.

24 P.T. Raju, "O Conceito do Homem no Pensamento Indiano", em S. Radhakrishnan e P. T. Raju, eds., *The Concept of Man* (O Conceito de Homem)(Londres: George Allen & Unwin, 1966), p. 302.

25 Por exemplo, na p. 114 do *Viveka-Chudamani (Crest-Jewel of Wisdom)* (Suprema Jóia da Sabedoria, trad. por Swami Prabhavananda e C. Isherwood (Hollywood: *Vedanta* Press, 1947). Esta expressão particular é usada numerosas vezes nesta obra e no *Brihadaranyaka Upanishad* e em outros lugares.

26 As quatro grandes afirmações são: "Tu és isso", *tat tvam asi (Chandogya Upanishad*, op. cit., p. 94); "Este *Ātman* é *Brahman*", ayam atma *Brahman* (*Mandukya* Up. op. cit., p. 67); "eu sou *Brahman*" *aham Brahmasmi* (*Brihadaranyaka* Up. op. cit., p. 108); e "A consciência é *Brahman*" *Prajnanam Brahman* (Aitareya Up. op. cit., p. 84).

27 *Mundaka Upanishad*, op. cit., p. 64.

28 *Enéadas*, VI 9 (9), Cap. 9n.

29 Hendrik Kraemer, *Religion and the Christian Faith* (A Religião e a Fé Cristã) (Londres: 1956), p. 335; citado em R. C. Zaehner, op. cit., p. 14.

30 Citado em Aldous Huxley, op. cit., 25.

31 Rudolph Otto, *Mysticism East and West* (Misticismo Oriental e Ocidental) (Nova Iorque: Collier Books, 1962), p. 199.

32 João 17:21.

33 Ver Walter Nigg, *The Heretics* (Os Hereges) (Nova Iorque: Alfred A. Knopf, 1962) para um breve relato de alguns hereges bem conhecidos; muitos desses eram místicos, incluindo os mencionados aqui.

34 Ver R. C. Zaehner, *Mysticism – Sacred and Profane* (Misticismo Sagrado e Profano) (Nova Iorque, Londres: Oxford Univ. Press, 1961), especialmente as pp. 198-207 onde ele tenta sustentar a superioridade do misticismo monoteísta sobre o monista. Na Índia, diferentes escolas consideram um ou outro como superior.

35 A esse respeito, ver Ninian Smart, "Interpretação e Experiência Mística", *Religious Studies*, I (1966), pp. 75-87.

36 Por exemplo, D. Lamont, *Christ and the World of Thought*, (Cristo e o Mundo do Pensamento) p. 180, citado em Sidney Spencer, *Mysticism in World Religion* (Misticismo na Religião do Mundo) (Penguin Books, 1963), p. 340.

37 Para uma comparação interessante, embora excessivamente psicologística, ver Isidor Thorner, "Experiência Profética e Mística: Comparação e Conseqüências", *Jour. Scientific Study of Religion*, V (1965), p. 82-96.

38 *Bhagavad Gita* 4:7-8.

39 Ver H. Zimmer, *Myths and Symbols* in Indian Art and Civilization, (Mitos e Símbolos na Arte e na Civilização Indiana) Ed. por J. Campbell. (Nova Iorque: Harper Torchbooks, 1962), pp. 82-88.

40 *Brahmavaivarta Purana*; citado em Zimmer, op. cit., capítulo 1.

41 Para alguma discussão das visões contrastantes sobre tempo e história nas duas tradições, ver R. Ravindra, "Tempo nas Tradições Cristã e Indiana", *Dalhousie Review*, 51, (1971), pp. 5-17.

42 Para uma discussão detalhada das filosofias judaico-cristãs da história, ver S. G. F. Brandon, *History, Time and Deity* (História, Tempo e Divindade) (Nova Iorque: Barnes and Noble, 1965), capítulo 5 e 6.

43 *In Memoriam*, Conclusão, estrofe 36.

44 Ver Oscar Cullman, *Christ and Time*, (Cristo e Tempo) trad. por F. V. Wilson (Londres: SCM Press, 1951), pp. 51-60.

45 Citado por Lynn White Jr., "Mito Cristão e História Cristã", *Jour. of History of Ideas*, 3 (1942), pp. 147-158.

46 Brandon, op. cit., pp. 204-5.

47 João 3:16; Filipenses 2:6.

48 *Commentary on the Brahma Sutra* (Comentário sobre o *Brahma Sutra)* (iv.1.3).

49 "A propensão da Índia para a busca transcendental e a miséria da história indiana estão, com certeza, intimamente relacionadas uma à outra; elas não devem ser consideradas separadamente". – H. Zimmer, *Philosophies of India* (Filosofias da Índia) (Nova Iorque: World Publ., 1956), p. 83. A esse respeito, ver também S. Radhakrishnan, *Eastern Religion and Western Thought* (A Religião Oriental e o Pensamento Ocidental) (Nova Iorque: Galaxy Books, 1959), pp. 257-259.

50 Citado em Radhakrishnan e Raju, eds., op. cit., p. 23.

51 Efésios 2:8-9.

52 Filipenses 2:12-13.

53 Salmos 23:1-6.

54 Ver no primeiro capítulo a parábola contada por Ramakrishna, que ilustra precisamente este ponto.

55 Mateus 16:15-19.

56 *Mahaparinabbana Sutta* II.33.

Capítulo 6

01 1 Tessalonicenses, 5:24.

02 Jacob Boehme, *A Dialogue between a Scholar and his Master concerning the Supersensual Life*, Diálogo I.

03 Lucas, 17:21.

04 *Mundaka Upanishad*, op. cit., p. 61.

05 *Moralia*, 384 f.D.

06 *Shvetashvatara Upanishad*, op. cit., p. 144.

07 *Enéadas* V.3.9.

08 Citado em F. C. Happold, *Mysticism* (Misticismo) (Penguin, 1967), pp. 174-75.

09 Isaías, 57:20.

10 *Pensees de Pascal* com tradução inglesa, breves notas e introdução por H. F. Stewart (Nova Iorque: The Modern Library, s.d.), p. 91.

11 J. Ancelet-Eustache, *Master Eckhart and the Rheineland Mystics* (Mestre Eckhart e os Místicos do Vale do Reno), trad. por H. Graef (Nova Iorque: Harper Torchbook, s.d.), p. 66; segunda parte citada em Aldous Huxley, *The Perennial Philosophy* (A Filosofia Perene) (Nova Iorque: Fontana Books, 1958), p. 24.

12 *Chandogya Upanishad*, op. cit., p. 94, e *Mandukya Upanishad*, id. ibid., p. 67.

13 João 10:30; 14:6.

14 *Enéadas* VI.9.11.

15 Mateus 11:28.

16 *Bhagavad Gita* 18:66.

17 *Samyutta Nikaya* 2:106.

18 *Brihadaranyaka Upanishad*, op. cit., p. 134.

19 Hebreus 5:1-10.

20 Esta é a razão pela qual obras de arte sagrada não levam os nomes do autor. Fra Angelico disse: "Não fui eu quem pintou, mas Ele que pintou através de mim". De modo similar, Dante, o autor da *Divina Comédia*, e Vyasa, o autor do *Mahabharata*, consideraram a si próprios como apenas transcrevendo o que lhes foi ditado do alto.

21 João 12:49.

22 *Majjhima Nikaya* 1:68n.

23 Este é um dos mais de quinhentos provérbios de Kabir, incluídos no *Gurugranth Sahib*, o livro sagrado dos Sikhs.

24 1 Coríntios 3:18-20.

25 "Libertação", de Sri Aurobindo, em *Last Poems*, op. cit.

26 Este desequilíbrio de sensibilidades é endêmico na vida acadêmica. A expressão clássica disto é a bem conhecida frase de Descartes, o pai da filosofia moderna, a saber, "cogito ergo sum" (penso, logo existo), como se o pensar fosse uma atividade desencorporada sem qualquer relação com a sensação, sentimento e propósito.

27 *A República* 443.

28 *Brihadaranyaka Upanishad*, op. cit., p. 115.

29 *Majjhima Nikaya* 63.

30 Esta atitude de perseguir a "ciência", "arte" ou "filosofia" em si mesmas é uma característica da mente moderna e é muitas vezes explicitamente admitida e apreciada. Entretanto, é em tudo oposta ao ponto de vista sagrado, de acordo com o qual todas estas atividades têm significado somente na medida em que conduzam os seus praticantes para mais próximo do Divino.

31 *Majjhima Nikaya*, 1. É instrutivo lembrar que Isaac Newton em seu *Principia* também fez um comentário similar: *hypotheses non fingo* (eu não invento hipóteses). Obviamente que ele não poderia ter sido contra a teorização científica, pois era precisamente isto que ele estava fazendo no livro. Era em relação à especulação vazia, metafísica, que ele era contra porque a considerava como infrutífera e improvável de conduzir ao progresso na Física; somente eram dignas de consideração científica aquelas assertivas que direta ou indiretamente estavam sujeitas a uma confirmação experimental. De modo similar, na ciência sagrada do vir-a-ser espiritual somente são dignas de consideração aquelas assertivas que estão sujeitas à verificação experiencial.

32 Citado em Rudolph Otto, *Mysticism East and West*, op. cit., p. 43.

33 Citado por Nietzsche em *A Gaia Ciência*, aforismo 292.

34 *Majjhima Nikaya* 72.

35 S. Radhakrishnan, trad. e ed., *The Principal Upanishads*. (Nova Iorque: Harper & Brothers, 1953), p. 145n.

36 *Lankavatara Sutra*.

37 Obras Completas de São João da Cruz (Aveiro: Edições Carmelo, 1977), p. 1057-58.

38 Uma das obras mais conhecidas na moderna filosofia da ciência é *Conjecturas e Refutações*, de Karl Popper, onde este ponto de vista é sustentado.

39 Ver Thomas Kuhn, *The Structure of Scientific Revolution* (A Estrutura da Revolução Científica) (University of Chicago Press, 1962) para uma discussão deste ponto.

40 Immanuel Kant, *Crítica da Razão Pura*, trad. Valerio Rohden e Udo Baldur Moosburger (Editora Abril: Coleção "Os Pensadores"), prefácio à segunda edição. Uma similar apreciação do método científico é evidente nos escritos de Francis Bacon, o santo padroeiro da Real Sociedade. Ele escreve, por exemplo, que "a Natureza deveria não apenas ser estudada "livremente e de forma genérica (quando entregue a si mesma . . .)" mas deveria ser estudada até mesmo mais quando, "sob constrangimento", quando, "pela arte e pela mão do homem, ela é retirada de seu estado natural e comprimida e moldada". (Instauratio Magna em *The Works of Francis Bacon*, (As Obras de Francis Bacon) ed. por J. Spedding, R. L. Ellis e D. Herth. Londres, 1857-74, 14 volumes), Vol. V, p. 145.

41 Muitos estudantes da Natureza não compreenderam este ponto. Por exemplo, Thomas Huxley diz: "A ciência me parece ensinar nas maneiras mais elevadas e mais fortes a grande verdade que está incorporada na concepção cristã de

uma completa entrega à vontade de Deus. Sente-se diante de um fato como uma criancinha, esteja preparado para abandonar toda noção pré-concebida, siga humildemente para onde quer,e para qualquer abismo, que a Natureza conduza, ou você nada aprenderá". (L. Huxley, *Life and Letters of Thomas Henry Huxley*, (Vida e Correspondência de Thomas Henry Huxley) 3 vols. Londres, 1963, Vol. I, p. 316.) Similarmente, M. Unamumo: "A ciência nos ensina, na verdade, a submeter nossa razão à verdade e a conhecer e julgar as coisas como elas são – o que significa dizer, como elas próprias escolhem ser e não como gostaríamos que fossem". (*The Tragic Sense of Life* (O Sentido Trágico da Vida) trad. por Flitch. Londres: Macmillan, 1931), p. 197.

42 Em relação a isso, ver os seguintes escritos do autor: "Experiência e Experimento: Uma Crítica do Moderno Saber Científico", Dalhousie Review, Vol. 55, 1975-76, pp. 655-674; "Ciência e Tecnologia Ocidentais e a Tradição Intelectual Indiana", Manthan, Sept. 1978; e "Percepção no *Yoga* e na Física", Re-Vision, Vol. 3, 1980, pp. 36-42.

43 Ruth Moore, Niels Bohr (Nova Iorque: Alfred A. Knopf, 1966), p. 406.

44 Enquanto este ponto de vista não-sagrado não se apodera do homem, a ciência no sentido moderno do termo não pode surgir; pelo menos ela não pode tornar-se o valor dominante que ela é para o mundo moderno. Era de se esperar que a ciência não pudesse se desenvolver muito na China, Índia ou na Cristandade medieval. A profanização arrebatadora da Europa nos séculos XV a XVII – da qual o humanismo da Renascença é um exemplo – foi um pré-requisito necessário para o surgimento da ciência moderna baseada no controle e na manipulação.

45 *Chandogya Upanishad* VI 6:1.

46 Mateus 11:27.

47 S. Radhakrishnan, *The Principal Upanishads*. Op. Cit., p. 99n.

48 *Gandharva Tantra*.

49 João 3:13.

50 A dificuldade de se compreender a *Teoria Geral da Relatividade* de Einstein é proverbial nos círculos da física. Costumava-se dizer no começo da década de vinte que somente três pessoas realmente compreendiam esta teoria. Alguém mencionou isto a Arthur Eddington, o grande físico matemático inglês, que figurava entre os primeiros a apoiar Einstein. Eddington conjecturou por um longo tempo, e então disse, "eu me pergunto quem é o terceiro".

51 *Katha Upanishad*, op. cit., p. 40. (O texto original diz: "Nem aquele que não desistiu de modos errados, nem aquele que não é tranqüilo, nem aquele que

não tem uma mente concentrada, nem mesmo aquele cuja mente não é equilibrada, pode alcançar este *Ātman* através do reto conhecimento." N.T.)

52 Eclesiástico 19:4.

53 Esta lista é originalmente devida a Gregório, o Grande (540-604 a.d.). A lista variou um pouco através dos séculos, mas permaneceu substancialmente a mesma.

54 *Bhagavad Gita*, 16:21.

55 *Buddhist Legends*, traduzido do texto original pali do comentário ao *Dhammapada* por E. W. Burlingame (The Pali Text Society, 1969), Parte 1, pp. 11-12. (Este é o Vol. 28 nas Séries Orientais de Harvard).

56 Os eruditos discutiram por muito tempo sobre as possíveis conexões entre muitos paralelos notáveis que ocorrem nas lendas budistas e cristãs. É provável que São Lucas fosse familiarizado com as escrituras budistas. Para detalhes e referências, ver ibid., pp.

57 Compare: "Muitos são chamados, mas poucos escolhidos", (Mateus 22:14).

58 Mateus 7:13-14.

59 Mateus 26:39.

60 *Bhagavad Gita* 16:1-4.

61 *Brihadaranyaka Upanishad*, op. cit., p. 136.

62 Citado em A. K. Coomaraswamy, "O Caminho do Peregrino", *Jour. Bihar & Orissa Research Society*, V. 23, 1927, pp. 452-71.

63 J. Krishnamurti, *Diálogos sobre a Vida* (São Paulo: Editora Cultrix, 1989), p. 87.

64 Plotino, *Enéadas* I.6.9. Compare com Goethe:
"Waer" nicht das Auge sonnenhaft,
"Die Sonne koennt" es nie erblicken.
"Laeg" nicht in uns des Gottes eigene Kraft,
"Wie koennt" uns Goettliches entzuecken?
(Se o olho não fosse sensível ao sol,
Não poderia perceber esse sol.
Se o próprio poder de Deus não estivesse dentro de nós,
Como poderia o divino nos encantar?)

65 Mateus 13:12; Plotino, *Enéadas* V.3.8.

66 A esse respeito, ver Hans Jacob, *Modern Psychotherapy Hindu Sadhana* (A Moderna Psicoterapia Hindu Sadhana) (Londres: Allen and Unwin, 1961); René Guénon, *The Reign of Quantity*; R. E. A. Johansson, *The Psychology of Nirvana* (A Psicologia do Nirvana) (Londres: Allen and Unwin, 1969); e

R. Ravindra, "É a Religião Psicoterapia? Uma Visão Indiana", *Religious Studies*, V. 14, 1978.

67 Efésios 6:12.

68 Mateus 12:30.

69 *Maitri Upanishad* 6.34:3.

70 Colossenses 1:20.

71 1 João 5:18.

72 G. I. Gurdjieff, *All and Everything: Beelzebub's Tales to His Grandson* (Tudo e Todos: Os Contos de Belzebu a Seu Neto) (Nova Iorque: E. P. Dutton, 1964), p. 418. Os praticantes de atividades básicas – ciência, arte e espiritualidade – sempre suspeitaram daqueles que falam sobre estas atividades sem produzir as obras correspondentes na ciência, na arte ou no espírito. Einstein uma vez escreveu a Peter Kapitsa, "quando estudo obras filosóficas sinto-me como se estivesse engolindo algo que não tenho em minha boca".

73 1 Coríntios 4:20.

74 Salmos 1:4.

75 Romanos 7:15-20.

76 *Bhagavad Gita* 3:36.

Glossário de Palavras Indianas

Ahamkara: Egotismo, auto-consciência, orgulho; literalmente, "eu sou o agente".

Asur: Anti-deus, demônio, um espírito do mal

Ātman: Eu, Espírito, alma, a parte mais profunda de uma pessoa

Avatar: Descensão de uma deidade; encarnação (particularmente de *Vishnu*, o mantenedor da ordem cósmica)

Avidya: Ignorância, ilusão (personificada como *Maya*)

Bhagavad Gita: Canção do Abençoado; talvez a única obra mais importante a se originar da Índia – parte do grande épico *Mahabharata*; datada aproximadamente de 600-200 a.C.

Bhakti: Devoção, adoração, veneração, amor

Bodhi: Conhecimento ou sabedoria perfeitos (pelos quais um homem torna-se Buda)

Brahma: Primeiro da tríade de Deuses pessoais *Brahma-Vishnu-Shiva*; Espírito Universal manifesto como um Criador pessoal; o Grande Ser

Brahman: Divindade, Deitas, Absoluto, Espírito não-pessoal auto-existente; a Realidade última; Vastidão

Brahmin: Alguém que possui conhecimento sagrado; um homem pertencente à primeira das quatro castas

Buddha: Acordado, desperto, iluminado, liberto; usado como um nome próprio do Siddhartha Gautama histórico

Buddhi: Alma, vontade, intelecto, inteligência integrada, compreensão; ver nota de rodapé 17, Capítulo 1, para detalhes

Darshana: Ponto de vista; perspectiva, escola de filosofia

Dhammapada: Um documento budista primitivo que discute os principais valores da vida e a senda que conduz à iluminação

Dharma: Lei, ordem, responsabilidade pela manutenção da ordem, dever, religião, retidão, obrigação

Dukkha: Sofrimento, angústia, *angst*, medo, aflição, dor

Guna: Elemento, constituinte; três gunas – *sattva, rajas, tamas* – são os três constituintes fundamentais de toda *prakriti* (Natureza) até mesmo no nível mais sutil.

Ishwara: Deus, o ser Supremo, Divindade pessoal

Jnana: Sabedoria, conhecimento sagrado (como oposto a *vijnana* que é conhecimento profano, ciência)

Kala: Tempo; também identificado com *Yama* (morte); a palavra raiz é *kal* que significa calcular ou enumerar

Kama: Desejo, anseio: amor sexual ou desejo personificados

Karma: Ato, ação, obra; resultado, efeito; a lei do *karma* (causa e efeito) é cósmica, i.e., aplicada às esferas psicológicas bem como físicas

Manas: Mente, razão; faculdade pela qual os objetos do sentido afetam *buddhi*

Maya: Ilusão, irrealidade, engano; ilusão personificada, identificada com *prakriti*; poder; da mesma raiz da palavra medir

Moksha: Emancipação, libertação, livramento

Mukti: Liberdade, libertação, beatitude final; o mesmo que *moksha*

Nirvana: Perfeita calma ou repouso, extinção (de *dukkha*), cessação (de *trishna*)

Prakriti: Natureza; materialidade; o mesmo que *Maya*

Purusha: Pessoa, homem primordial, Ser Supremo, também identificado com *Ātman* e *Brahman*

Sadhana: Consumação, realização, prática, preechimento, término

Samadhi: Juntar, unir, síntese, tranqüilidade; integração; profunda meditação; o oitavo e último estado da *yoga*

Samsara: Mundo, vida secular, ilusão mundana; circuito da existência mundana; o fluxo cósmico

Shiva: Auspicioso; senhor do sono; terceiro da tríade hindu de deuses pessoais, *Brahma-Vishnu-Shiva*; senhor da destruição e reassimilação, e da transformação

Tapas: Calor; austeridade religiosa, penitência, esforço

Tathagata: Um outro nome do Buda; literalmente, o que assim foi

Trishna: Anseio, ambição egoísta, desejo

Turiya: O quarto (estado de consciência) como distinto do sono sem sonhos, sonho e vigília

Upanishad : Os escritos sagrados, comumente filosóficos por Natureza, dos hindus. Eles constituem as posições conclusivas dos *Vedas*, e compreendem mais de 200 obras diferentes, datando de entre 800 e 500 a.C. Entre os mais importantes *Upanishads* estão: *Isha, Kena, Katha, Mundaka, Prashna, Mandukya, Taittiriya, Aitareya, Chandogya, Brihadaranyaka, Shvetashvatara* e o *Maitri.*

Veda: A mais sagrada literatura dos hindus; conhecimento. Há quatro *Vedas*, o mais antigo sendo o *Rig Veda*, composto em torno de 1.200 a.C.

Vedanta: Fim do conhecimento; fim do *Veda*; a mais influente escola de filosofia na Índia

Vishnu: Segundo da tríade hindu de deuses, *Brahma-Vishnu-Shiva*; o preservador e o sustentador

Yajna: Culto; um rito ou cerimônia de sacrifício

Yoga: A arte de juntar, unir, ligar; meditação com o propósito de união com *Ishwara* ou o Espírito Supremo; geralmente qualquer senda para tal união

Bibliografia Selecionada

Aurobindo, Sri. *Collected Poems. (Seleção de Poemas)* Pondicherry: Sri Aurobindo Ashram, 1979.

__________, *The Upanishads.* Pondicherry: Sri Aurobindo Ashram, 1981.

A Bíblia de Jerusalém. São Paulo: Edições Paulinas, 1985.

Buber, Martin. *Ten Rungs: Hasidic Sayings.* Nova Iorque: Schocken Press, 1962.

Chatterji. J. C. *A Sabedoria dos Vedas*. São Paulo: Pensamento.

Conze, Edward, trad. *Buddhist Scriptures. (As Escrituras Budistas)* Penguin Classic, 1959.

Coomaraswamy. A.K. *Hinduism and Buddhism*. Brooklyn: Greenwood House, 1971.

Daumal, René. *Mt. Analogue*. Trad. Roger Shattuck. Nova Iorque: Penquin Books, 1974.

Dhammapada, Trad. Georges da Silva. São Paulo: Pensamento, 1978.

Eliot, T.S. *Four Quartets*.

Fromm, Erich. *You Shall Be as Gods*. Nova Iorque: Fawcett, 1977.

Humphreys, Christmas. *Exploring Buddhism. (Explorando o Budismo)* Wheaton, Il: Theosophical Publishing House, 1975.

Huxley, Aldous. *A Filosofia Perene*. São Paulo: Cultrix, 1991.

Kabir. *Forty-four of the Ecstatic Poems of Kabir*, trad. *(Quarenta e Quatro Poemas Extáticos de Kabir)* Robert Bly. Boston: Beacon Press, 1977.

Krishnamurti, J. *Diálogos sobre a Vida*. São Paulo: Cultrix, 1989.

Needleman, Jacob. *The Heart of Philosophy. (O Coração da Filosofia)* Nova Iorque: Bantam Books, 1982.

________ *Cristianismo Perdido*. São Paulo: Martins Fontes, 1987.

The New English Bible With the Apocrypha. Oxford University Press and Cambridge University Press, 1970.

Nikhilananda, Swami. *The Gospel of Shri Ramakrishna*. Madras: Mylapore, 1947.

Ouspensky, P.D. *Fragmentos de um Ensinamento Desconhecido*. São Paulo: Pensamento

Patanjali. *Como Conhecer Deus: Aforismos Iogues de Patanjali*. São Paulo: Pensamento, 1988.

Prabhavananda, Swami. *The Spritual Heritage of Índia*. Hollywood: Vedanta Press, 1979.

Radhakrishnan, S., trad. e ed. *The Principal Upanishads*. Atlantic Highlands, NJ: Humanities Press, 1978.

Ross, Nancy Wilson, ed. *The World of Zen*. Nova Iorque: Rondom House, 1960.

Smith, Huston. *Forgotten Truth. (A Verdade Esquecida)* Nov Iorque: Harper & Row, 1977.

________, *The Religions of Man*. Nova Iorque: Harper & Row, 1965.

Suzuki, D.T. *Essays in Zen Buddhism. (Ensaios Sobre o Zen Budismo)* Nova Iorque: Goreve Press, 1961.

Tagore, Rabindranath. *Gitanjali.* Nova Iorque: Macmillan, 1971.

Von Durckheim, Karlfried Graf. *The Way of Transformation: Daily Life as Spiritual Exercise. (O Caminho da Transformação: A Vida Diária como Exercício Espiritual)* Londres: Mandala Books, Unwin Paperbacks, 1980.

Williams, Jay G. *Yeshua Budhha.* Wheaton, IL: Theosophical Publishing House, 1978.

Zaehner, R.C. *Mysticism – Sacred and Profane.* Nova Iorque: Oxford University Press, 1961.

_________, ed. *The Bhagavad Gita.* Nova Iorque: Oxford University Press, 1969.

Zimmer, Heinrich. *Mitos e Símbolos na Arte e Civilização Indianas.* São Paulo: Palas Athena

Leia também

A DOUTRINA DO CORAÇÃO

Annie Besant

No texto *A Doutrina do Coração*, que é parte inicial desta edição, A. Besant publicou uma série de extratos de cartas que ela recebeu de correspondentes hindus, místicos e *yogues*, onde são abordadas questões vivenciais da senda espiritual. Há ênfase nas diferentes etapas e dificuldades do processo do despertar interior.

Foram anexados dois pequenos e valiosos textos, de autoria de A. Besant. O primeiro, *A Vida Teosófica*, realça aspectos do viver diário, a reencarnação e o *karma*.

O segundo, *Revelação, Inspiração e Observação*, apresenta uma conferência realizada em 1909, onde a autora faz comentários sobre os diferentes tipos de textos para o uso do estudante: "Revelação" são os textos originais das Religiões, "Inspiração" são textos que têm como fonte um influxo de intuição superior e "Observação" são relatos pessoais de diferentes autores. Ela enfatiza a importância dos textos "inspirados" para o estudo do aspirante.

EDITORA TEOSÓFICA

O HOMEM, SUA ORIGEM E EVOLUÇÃO

N. Sri Ram

"Que é o homem? O homem tem sido descrito como o microcosmo que reflete em sua constituição o macrocosmo."

Este livro é uma investigação sobre o enigma do homem. O que ele é? Qual sua origem? Como se processa a evolução?

É uma boa introdução à antropologia teosófica, com destaque a diversas abordagens, através das quais o homem é visto como um peregrino espiritual, uma chispa Divina e uma Inteligência em busca de uma maior expressão da sua natureza mais sutil. Neste estudo, estas questões fundamentais são analisadas à luz de princípios teosóficos.

N. Sri Ram, que também é o autor de obras como *Em Busca da Sabedoria* e *Pensamentos para Aspirantes ao Caminho Espiritual*, já lançadas por esta Editora, indica-nos um horizonte mais amplo para a existência humana.

EDITORA TEOSÓFICA

PENSAMENTOS PARA ASPIRANTES AO CAMINHO ESPIRITUAL

N. Sri Ram

Este livro é uma compilação de pensamentos inspiradores, excertos escolhidos de seus diversos escritos, divididos em temas tais como Auto-realização, Verdade, Sabedoria, Liberdade, Paz, Fraternidade, Felicidade, Beleza, Amor, entre outros. Sua linguagem humana, simples e profunda torna este livro acessível e recomendável a todos.

"Todas as coisas passam como um sonho. Mas mesmo a vida terrena pode ser um sonho de paz e beleza".

"A paz é o estado feliz, natural do homem e de todos os filhos da Natureza".

"Se nossas vidas estão estagnadas é porque não há fluir de interesse para os outros, não há comunhão com a vida ao nosso redor, nossas relações com os outros são parciais e amplamente sem vida".

Tais pensamentos de Nilakantham Sri Ram espelham a vida do autor e nos dão um vislumbre desta obra.

Nela, o autor tenta lembrar-nos daquele estado de felicidade e harmonia naturais que geralmente perdemos em nossas agitadas vidas diárias, mas que sempre aspiramos por reencontrar. Contudo, essa aspiração nem sempre é consciente e clara, tornando-se, por isso, valiosa a meditação em pensamentos de natureza inspiradora.

O autor foi o quinto presidente internacional da Sociedade Teosófica, tendo se dedicado à causa da filantropia e a da libertação do ser humano. Teve significativa participação na independência da Índia.

EDITORA TEOSÓFICA

FUNDAMENTOS DA FILOSOFIA ESOTÉRICA

H. P. Blavatsky

O presente livro consiste de uma compilação dos escritos de Helena Petrovna Blavatsky, a grande ocultista russa que viveu no século passado. Extraído principalmente de suas grandes obras – *Ísis Sem Véu* e *A Doutrina Secreta* – o livro apresenta as idéias centrais da Filosofia Esotérica, da sabedoria oculta nas grandes tradições filosófico-religiosas da humanidade.

A obra de Madame Blavatsky influenciou grandes pensadores e artistas do nosso tempo, como Gandhi, Thomas Edison, W.B. Yeats, Mondrian, Kandinsky, Aldous Huxley e Einstein. A evolução do pensamento científico contemporâneo delineia uma visão de mundo marcada pela unidade, inter-relacionamento e integração, características essas que expressam a essência da visão esotérica do mundo.

Fundamentos da Filosofia Esotérica lança luz sobre a natureza do genuíno esoterismo, o qual conduz da ilusão à verdade espiritual, da ignorância à sabedoria que transforma a existência humana e nos leva a compreender o significado interior da vida.

EDITORA TEOSÓFICA

A CHAVE PARA A TEOSOFIA

H. P. Blavatsky

"Todos os cultos antigos indicam a existência de uma única Teosofia anterior a eles. 'A chave que desvendar um terá de desvendar todos: de outra forma não poderá ser a chave verdadeira'" (Wilder. *Neoplatonismo* e *Alquimia*).

* * *

Em *A Chave para a Teosofia,* que ora perfaz um século, Blavatsky torna mais acessível, num diálogo de perguntas e respostas, o conteúdo de outra obra sua, *A Doutrina Secreta,* onde a autora tenta evidenciar a existência de um ensinamento esotérico primitivo de onde teriam se derivado as diversas religiões do mundo. Procura-se assim buscar a verdade a respeito dos mistérios do Homem, do ciclo da vida e da morte e seu propósito, da predestinação e do livre-arbítrio, através do estudo de religiões comparadas, filosofia e ciência, num espírito de liberdade de pensamento.

A própria autora cita um ditado popular que define bem a sua vida: "A coroa do inovador é uma coroa de espinhos".

Helena Petrovna Blavatsky (1831-1891) foi uma das fundadoras da Sociedade Teosófica (New York, 1875). Embora nascida na Rússia, viveu em inúmeros países, inclusive no Tibet, sempre dedicando-se ao ideal da Fraternidade Universal, mostrando a origem comum dos Homens, tanto biológica quanto espiritual, lutando contra o fanatismo, a hipocrisia, a superstição, o dogmatismo e o preconceito em um século de poucas luzes para uma livre-pensadora. Antecipou-se de tal forma à sua época, pressentindo as direções de desenvolvimento da ciência e do pensamento humano, que chegou a afirmar que sua obra seria verdadeiramente reconhecida cem anos depois.

Convidamos o leitor a constatar este fato por si mesmo.

EDITORA TEOSÓFICA

EM BUSCA DA SABEDORIA

N. Sri Ram

"Quando tentarmos entender a natureza da Sabedoria descobriremos que não devemos separá-la da Vida."

A genuína sabedoria é distinta do saber, do conhecimento e da erudição. Não é somente um modo de pensar, mas é também a maneira de viver. É essencialmente algo vivencial e transformador.

A busca da sabedoria e da Verdade é o objetivo dos verdadeiros filósofos.

O autor deste livro, N. Sri Ram, foi um destacado pensador da Índia, presidente internacional da Sociedade Teosófica no período 1953-73. Em suas inúmeras obras combinou a sabedoria oriental com a reflexão grega, num estilo característico de apresentar profundas idéias de um modo claro e com um sensível entendimento dos problemas humanos.

EDITORA TEOSÓFICA

SABEDORIA ANTIGA E VISÃO MODERNA

Shirley Nicholson

A publicação de *A Doutrina Secreta*, de H. P. Blavatsky, em 1888, representou um verdadeiro marco no renascimento da tradição esotérica. Num mundo condicionado tanto pela visão científica materialista como pela ortodoxia religiosa, a obra de Madame Blavatsky auxiliou a popularizar conceitos tais como reencarnação, *karma*, evolução, a Divindade presente em todos os homens, o inter-relacionamento de toda a vida. Sua obra encontrou forte oposição à época.

Hoje, passados mais de cem anos, notamos um crescente interesse em coisas tais como meditação, *yoga*, medicina holística, rituais, física subatômica etc., o que atesta a emergência de uma nova cultura, bastante receptiva aos princípios da Sabedoria Antiga.

Em *Sabedoria Antiga e Visão Moderna*, a autora faz uma reapresentação dos princípios teosóficos fundamentais, mostra sua sintonia com os avanços científicos contemporâneos e salienta que "essas idéias eternas possuem uma energia, uma vitalidade que é capaz de inspirar aquele que as investiga".

EDITORA TEOSÓFICA

GAYATRI
O MANTRA SAGRADO DA ÍNDIA

I. K. Taimni

Este livro do Dr. I. K. Taimni trata-se de uma obra de imenso valor. Este valor inestimável reside não tanto em nos oferecer, de forma bela e precisa, a filosofia, o significado e a técnica da *Mantra Yoga* em geral e do *Mantra Gayatri* em particular. Seu imenso valor reside, sobretudo, em nos revelar por meio de seus lúcidos e didáticos comentários, explanações e exemplos, o papel e a importância do estudo, da devoção e da meditação nas primeiras etapas do Caminho que conduz à Realização espiritual.

A obra apresenta excelentes esclarecimentos a respeito dos Mantras e do genuíno papel da *Mantra Yoga*, auxiliando o leitor na busca de um melhor entendimento deste tema.

Seu autor nasceu e viveu na Índia, é especializado em *Yoga* e no Hinduísmo. Muitos dos seus livros estão sendo traduzidos para vários idiomas, entre os quais estão *A Ciência da Yoga* (Comentários aos *Yoga-Sutras* de Patanjali) e *O Homem, Deus e o Universo*.

EDITORA TEOSÓFICA

MEDITAÇÃO, UM ESTUDO PRÁTICO

Adelaide Gardner

Ao contrário do que muitos hoje imaginam, a meditação não é uma técnica nova para o desenvolvimento das potencialidades interiores do ser humano. Apesar da exploração muitas vezes sensacionalista do tema no mundo contemporâneo, com apelos ao fantástico e ao sobrenatural (o que denota uma compreensão do assunto demasiadamente centrada na esfera do psiquismo), um estudo mais abrangente revela a presença da prática meditativa no coração das grandes tradições religiosas da humanidade, tanto no Oriente como no Ocidente, através dos séculos.

A meditação é a arte de ser, e neste livro Adelaide Gardner focaliza a naturalidade deste estado de consciência e a grande utilidade que dele pode se obter. Atualmente, há pouca dúvida de que uma consciência calma e concentrada pode aprofundar nossa percepção da vida e permitir o atingimento de um grau maior de paz interior. Este clássico evidência isto. Tem sido usado por dezenas de milhares de indivíduos e recebeu inúmeros tributos. É recomendado por seu enfoque prático e fácil – como uma ótima diretriz para práticas meditativas adequadas. Um estudo incluindo exercícios que você pode fazer sozinho ou com amigos.

EDITORA TEOSÓFICA

Impresso nas oficinas da:

Artgraf
editora e
artes gráficas
ltda.

SIG - Quadra 6 - Lote 1235
Fone: (061) 225-3317